O PODER DA ORAÇÃO
— PARA —
TRANSFORMAR SUA VIDA

DR. JOSEPH MURPHY

O PODER DA ORAÇÃO
— PARA —
TRANSFORMAR SUA VIDA

Tradução
Claudia Gerpe Duarte

7ª edição

Rio de Janeiro | 2025

CIP-BRASIL. CATALOGAÇÃO NA PUBLICAÇÃO
SINDICATO NACIONAL DOS EDITORES DE LIVROS, RJ

M96p
7ª ed.

Murphy, Joseph, 1898-1981
O poder da oração para transformar sua vida / Joseph Murphy ; tradução
Claudia Gerpe Duarte. – 7ª ed. – Rio de Janeiro: Bestseller, 2025.
144 p.

Tradução de: How to use the power of prayer
ISBN: 978-85-465-0223-3

1. Oração. 2. Fé. 3. Pensamento Novo. I. Duarte, Claudia Gerpe. II. Título.

CDD: 289.98
20-63459
CDU: 279.22

Meri Gleice Rodrigues de Souza – Bibliotecária CRB-7/6439

Texto revisado segundo o novo Acordo Ortográfico da Língua Portuguesa.

Título original
HOW TO USE THE POWER OF PRAYER

Copyright © 2016 JMW Group, Inc.
jmwgroup@jmwgroup.net
All rights reserved by JMW Group, Inc. Exclusive worldwide rights
all languages available only through JMW Group
www.jmwforlife.com

Copyright da tradução © 2020 by Editora Best Seller Ltda.

Todos os direitos reservados. Proibida a reprodução,
no todo ou em parte, sem autorização prévia por escrito da editora,
sejam quais forem os meios empregados.

Direitos exclusivos de publicação em língua portuguesa para o Brasil
adquiridos pela
EDITORA BEST SELLER LTDA.
Rua Argentina, 171, parte, São Cristóvão
Rio de Janeiro, RJ – 20921-380
que se reserva a propriedade literária desta tradução

Impresso no Brasil

ISBN 978-85-465-0223-3

Seja um leitor preferencial Record.
Cadastre-se no site www.record.com.br e receba informações
sobre nossos lançamentos e nossas promoções.

Atendimento e venda direta ao leitor
sac@record.com.br

SUMÁRIO

PREFÁCIO ... 7

AMOR É LIBERDADE ... 27

OS VENENOS MENTAIS E OS SEUS ANTÍDOTOS ... 43

AS MARAVILHAS DO DIÁLOGO INTERIOR ... 53

MUDE O SENTIMENTO DO "EU" ... 64

POR QUE ISSO ACONTECEU COMIGO? ... 75

COMO REZAR COM UM BARALHO ... 90

ESCREVA UM NOVO NOME NO LIVRO DA VIDA ... 105

O CÂNTICO DO TRIUNFO ... 124

PREFÁCIO

Existe dentro de você uma presença restauradora que cura todos os tipos de doenças. O uso dessa presença requer o conhecimento de Deus e da maneira como Ele trabalha.

A cura espiritual diz respeito à totalidade, à completude e à perfeição.

"Ciência" significa o conhecimento de leis e princípios; significa o conhecimento sistematizado e coordenado.

O conhecimento desse princípio de cura é extraído diretamente da Bíblia. O método pelo qual liberamos os mistérios e revelamos o significado oculto da Bíblia do Livro do Gênesis ao Livro do Apocalipse é a ciência da simbologia e a ciência do alfabeto hebraico.

A Bíblia se baseia em leis espirituais e mentais. Ela reconhece o fato de que muitos dos seus personagens, como Jesus, Moisés, Elias, Paulo e outros, foram homens de verdade que viveram na Terra; entretanto, eles também representam esta-

8 | *Joseph Murphy*

dos mentais que existem em todos nós. A Bíblia é um manual espiritual e psicológico.

Por meio do estudo e da aplicação de leis mentais, *você* pode encontrar o caminho em direção à saúde, harmonia e prosperidade; a oração científica é a prática da presença de Deus.

Os três passos da cura

O primeiro passo: Pense em Deus como a única presença e o único poder. Deus é um espírito universal e criativo presente em toda parte — o Espírito Vivo Onipotente radicado no seu coração. Concentre-se em algumas das coisas que você sabe que são verdadeiras a respeito de Deus; diga serenamente, por exemplo: "Ele é inteligência infinita, bondade absoluta, poder infinito, beleza indescritível, amor irrestrito, sabedoria infinita e Todo-Poderoso."

O segundo passo: Perdoe a todos, enviando pensamentos amorosos para o mundo inteiro. Diga: "Eu perdoo agora, completa e irrestritamente, *todas as pessoas*, e sigo livre."

Acrescente de coração, com sinceridade, as seguintes palavras: "Essa é a mais profunda verdade." Você não tem nenhuma restrição mental.

O terceiro passo: Afirme, calma e amorosamente, que a infinita presença restauradora de Deus que existe em você está agora curando o seu corpo, tornando-o completo, puro e perfeito.

Declare para si mesmo: "Eu aceito e acredito nessa afirmação; sei que a cura está acontecendo agora." Agradeça a paz e a harmonia que o envolvem.

"Deus, no meio de ti, tem o poder de curar."

A prática da presença de Deus

A onipresença de Deus significa que Ele está presente em todos os momentos do tempo e em todos os pontos do espaço. Praticar a presença de Deus o dia inteiro é o segredo da harmonia, saúde, paz, alegria e plenitude da vida. Comece, agora, a ver Deus em tudo e em todos.

Três passos para praticar a presença

O primeiro passo: Aceite o fato de que Deus é a única presença e o único poder. Ele é a vida e a realidade de sua existência.

O segundo passo: Perceba a presença de Deus em todos os membros da sua família e em cada pessoa que você encontrar. A partir deste momento, passe a saudar a divindade em todas as pessoas que cruzarem o seu caminho.

O terceiro passo: Compreenda, reconheça e afirme que tudo o que você é e tudo o que você vê — seja uma árvore, um cachorro ou um gato — é parte da expressão de Deus. Nenhum conceito é mais importante do que esse; seu poder é verdadeiramente indescritível.

Sente-se em um lugar tranquilo duas ou três vezes por dia e pense em algo como: *Deus é tudo o que existe. Ele é tudo em todos.* Comece a compreender que a presença divina está dentro de você e dentro de todos à sua volta. *"Buscai e achareis. Buscai primeiro o Reino de Deus, e a Sua justiça; e todas essas coisas vos serão acrescentadas."*

Converta o medo em fé

Quando o medo penetra na sua mente é um sinal para agir. Faça imediatamente alguma coisa a respeito; nunca se renda ao medo. Na verdade, o medo é o desejo de algo melhor, um anseio de liberdade e paz de espírito. Onde você pode obter liberdade e paz de espírito? Nos pensamentos de paz, liberdade e equilíbrio.

Se um homem se perde na floresta à noite, ele é dominado pelo medo; no entanto, por saber que Deus é onissapiente e sabe como sair dali, esse homem converte o medo em fé. O estado de espírito do homem agora está deixando de ser de medo e passando a ser de confiança e paz na única presença e no único poder. Ele mudou sua atitude mental, o que chamamos de "anjo da presença de Deus", que o conduz à segurança. O homem que se perdeu se volta para Deus na oração e no reconhecimento, dizendo a si mesmo, com tranquilidade e amor: "Deus está me guiando agora. Ele é uma lâmpada para os meus pés." Ele confia e acredita nessa luz interior, a luz que ilumina todas as pessoas que vêm ao mundo.

Um com Deus é maioria! Apenas o medo e o amor existem. O medo é o amor revertido. O amor liberta; o amor dá; o amor é o espírito de Deus. O amor constrói o corpo. O amor também é um apego emocional. Portanto, apaixone-se pela paz, delicadeza, boa vontade e harmonia, porque essa forma de amor expulsa o medo.

Deus é amor; e quem está em amor está em Deus, e Deus nele.

1 João 4:16

Três passos para exterminar o medo

O primeiro passo: "O Senhor é a minha luz e a minha salvação; a quem temerei? O Senhor é a força da minha vida; de quem terei medo?" *O Senhor* significa a presença de Deus dentro de você. Nenhum poder é capaz de desafiar Deus, porque Ele é onipotente. Aquilo que você teme não tem poder, é uma falsa crença, é o bicho-papão embaixo da escada, não é real. Repita estas maravilhosas palavras: "Deus não nos deu o espírito do medo, e sim do poder, do amor e do equilíbrio."

O segundo passo: Você supera o medo por meio da fé em Deus e em todas as coisas boas. A fé não é um credo, um dogma ou uma religião. A fé é um modo de pensar, uma atitude mental positiva. A fé é vital, é uma convicção profunda e permanente em Deus. A fé é o melhor remédio do mundo! Tome agora mesmo esse medicamento! Olhe para estas palavras e repita-as: "Faço todas as coisas por meio de Cristo que me fortalece. Deus está comigo agora. Deus e os seus anjos sagrados estão sempre comigo. Estou cercado pelo círculo do amor de Deus." Essas palavras estão agora refletidas no seu cérebro e na parte mais profunda de sua mente. Repita essas poderosas declarações e o medo o abandonará.

O terceiro passo: Quando pensamentos de medo lhe vierem à cabeça, pense em Deus. Imagine que você está repousando nos braços do Deus onipotente da mesma maneira que repousou nos braços amorosos de sua mãe. Diga amorosamente ao seu Pai interior: "Agora, Deus, vou cuidar dos meus assuntos e você vai comigo. O Seu amor, luz e poder me confortam, guiam e abençoam de todas as maneiras. Amo o meu pai e o meu pai me ama; meu pai *é* Deus! É maravilhoso!"

Supere a preocupação

A preocupação resulta da ausência de fé em Deus. A pessoa que se preocupa está sempre esperando que as coisas deem errado. Ela fica obcecada ou tensa com um sem-número de situações que nunca acontecem. Essa pessoa pode fazer uma lista com todas as razões pelas quais algo ruim deve acontecer,

O poder da oração para transformar sua vida | 13

mas não consegue citar um motivo pelo qual uma coisa boa deve ocorrer. A preocupação constante debilita todo o seu sistema, provocando distúrbios físicos e mentais.

A sua *preocupação pode ser curada.* Não perca tempo examinando dificuldades ou problemas; interrompa todos os pensamentos negativos. A sua mente não vai funcionar se estiver tensa. Fazer alguma coisa reconfortante e agradável quando você se vir diante de um problema alivia a tensão. Você pode não combater o problema, mas *pode* superá-lo.

Para aliviar a tensão, vá dar uma volta de carro ou a pé, jogue paciência, leia um dos seus trechos favoritos da Bíblia, como o Capítulo 11 de Hebreus ou 1 Coríntios 13, ou abra no Salmo 46 e leia-o atentamente, em silêncio, várias vezes. Você será invadido pela calma interior, e estará pronto para rezar.

Três passos para superar a preocupação

O primeiro passo: Todas as manhãs, ao acordar, volte-se para Deus em oração como você se voltaria para o seu pai amoroso. Relaxe o corpo e depois fale com Deus, a única presença e o único poder. Torne-se uma criança; isso significa que você compreende que Deus está dentro de você e que você confia completamente nele. "Deus, no meio de ti, tem o poder de curar."

O segundo passo: Você sabe, bem no fundo, que pode apresentar os seus problemas ou dificuldades para esse poder e que a sabedoria de Deus vai resolvê-los. Diga amorosamente: "Obrigado, Pai, por este dia maravilhoso. É o dia de Deus; ele está repleto de alegria, paz, felicidade e sucesso para mim. Olho para este dia com alegre expectativa. A sabedoria e o entendimento de Deus vão me guiar o dia inteiro. Deus é meu parceiro, e tudo o que eu fizer vai transcorrer de maneira maravilhosa. Eu acredito em Deus e confio Nele."

O terceiro passo: Você está repleto de fé e confiança. Agora, relaxe e deixe Deus trabalhar por você. Conforme o dia for passando, lembre-se do seguinte: "Este é o dia que Deus criou para mim! A atividade divina está se manifestando na minha vida."

O desejo — a dádiva de Deus

Deus fala com você por meio do desejo. Todas as coisas começam com o desejo, que é, às vezes, chamado de fonte de toda ação. Enquanto lê estas linhas, você tem dentro de si o anseio ou o desejo de ser mais do que é. Existe um anseio cósmico dentro de você em busca de expressão. É por seu intermédio que a vida procura expressar sua unidade, totalidade, amor e beleza. Você é um instrumento do divino; você é um canal para a vida e o amor; você aqui para libertar o esplendor que está aprisionado dentro de si.

Sem desejo, você não poderia se levantar da cadeira. O ser humano deseja abrigo, tanto que constrói casas para se

O poder da oração para transformar sua vida | 15

proteger dos rigores da estação. Planta sementes de milho e trigo no solo porque deseja alimento para si mesmo e para sua família.

Você tem agora um desejo supremo, que talvez seja ter saúde, um lugar verdadeiro ou abundância. O desejo excessivamente prolongado resulta em frustração e doença. Desejar uma coisa boa e maravilhosa durante um longo período e não alcançá-la significa dissipar o espírito e o corpo. Você deve aprender a satisfazer o seu desejo por meio da oração; a satisfação do desejo é a sua salvação.

Três passos para satisfazer o seu desejo

O primeiro passo: O seu desejo de paz, harmonia, saúde, lugar verdadeiro, riqueza etc. é a voz de Deus falando com você. Diga de coração: "Com Deus, tudo é possível." Deus é o espírito vivo onipotente que existe dentro de você e do qual todas as coisas se originam.

O segundo passo: Estou consciente do meu desejo; sei que ele existe para mim no invisível. Afirmo que ele é meu agora; eu o aceito mentalmente. Libertei o meu desejo no canal criativo que existe dentro de mim, que é a fonte de todas as coisas. Afirmo e acredito que o meu desejo está agora gravado na minha mente mais profunda. O que está registrado precisa ser expresso, porque é assim que a mente funciona.

O terceiro passo: Sinto agora a realidade do meu desejo realizado. Estou em paz. Percebo no coração que o que aceitei como verdadeiro vai se tornar realidade. Eu me alegro e agradeço. Todo o meu ser se anima diante da realidade do desejo satisfeito. Estou em paz. Deus é paz. Obrigado, Pai; está feito.

O casamento feliz

"O que Deus juntou, que nenhum homem separe." O marido e a mulher devem estar casados com Deus e com todas as coisas boas. "Homem e mulher nunca devem deixar o sol se pôr sobre a ira do casal". Nunca levem de um dia para o outro irritações acumuladas decorrentes de pequenos desentendimentos. Não deixem de perdoar um ao outro qualquer descortesia ou indelicadeza antes de se deitarem à noite.

A solução para um casamento feliz é cada um dos parceiros enxergar o Cristo no outro; comecem *agora* a ver a presença do Deus vivo um no outro. Diga para si mesmo neste momento: "Eu saúdo a divindade no meu marido" ou "na minha mulher", conforme o caso. Diga para a sua esposa ou marido: "Reconheço tudo o que você faz e irradio amor e boa vontade para você o dia inteiro." Não aceite o seu parceiro no casamento como algo banal; demonstre o seu reconhecimento e amor.

Pense em apreciá-lo e ter boa vontade, em vez de condená-lo, criticá-lo e importuná-lo. Lembre-se da advertência da Bíblia: "A não ser que o Senhor construa a casa, em vão trabalham os

O poder da oração para transformar sua vida | *17*

que a edificam." A maneira de construir um lar tranquilo e um casamento feliz é alicerçá-lo no amor, beleza, harmonia, respeito mútuo, fé em Deus e em todas as coisas benéficas.

Diga do fundo do coração: "O meu casamento é consagrado na oração e no amor." O marido e a mulher devem sempre rezar juntos, pelo menos uma vez por dia, de preferência à noite, antes de irem dormir, já que isso vai restabelecer a paz no lar e no coração. Porque Deus é paz.

Três passos para um casamento feliz

O primeiro passo: No início, Deus. No momento em que acordar, pela manhã, afirme que Deus o está guiando de todas as maneiras. Irradie pensamentos de paz, harmonia e amor para o seu parceiro, para todos os membros da família e para o mundo inteiro.

O segundo passo: Faça uma oração de agradecimento no café da manhã. Agradeça pela maravilhosa refeição, pela abundância e por *todas* as suas bênçãos. Cuide para que nenhum problema, preocupação ou discussão faça parte da conversa à mesa, e o mesmo se aplica ao jantar.

O terceiro passo: O marido e a mulher devem se alternar a cada noite ao dizer a oração. Mantenham a Bíblia à mão. Leiam antes de dormir os Salmos 23, 91 e 27, o Capítulo 11 de Hebreus, o Capítulo 13 de 1 Coríntios e outros textos notáveis

18 | Joseph Murphy

do Novo Testamento. Digam em voz baixa: "Obrigado, Pai, por todas as bênçãos do dia. Deus dá ao seu amado o sono."

O segredo da paz de espírito

A comunhão com Deus é o caminho para a paz de espírito; significa voltar-se para Deus na oração e compreender que a paz e o amor Dele estão agora circulando através da sua mente e do seu coração. A oração, ou essa comunhão silenciosa com o Deus que está dentro de você, vai modificar o seu caráter. A oração o torna uma pessoa diferente.

A palavra *oração* pode incluir qualquer forma de comunhão com Deus, seja ela oral ou mental. Você alcança a paz mental obtendo a percepção genuína da presença de Deus dentro de si. Sempre que você tenta levar a paz para a vida de outras pessoas, a sua opinião pessoal está errada. Ao interferir no conflito entre outros, você geralmente piora as coisas. Quando você os leva a minimizar as suas diferenças ou chegar a uma posição na qual todos concordem, a verdadeira paz não existe, porque essas pessoas não perdoaram completamente uma à outra. A melhor maneira de reparar atritos dessa natureza é usar a abordagem silenciosa da oração.

Compreenda que a sabedoria, o amor e a paz de Deus circulam pela mente e pelo coração de todos os envolvidos, e o problema vai se dissolver de um jeito maravilhoso. *"Bem-aventurados os pacificadores porque serão chamados filhos de Deus."*

Três passos para a paz de espírito

O primeiro passo: Compreenda que Deus é paz e que ele vive em você; em seguida, pense nessa paz interior sendo sua agora. Diga várias vezes, tranquilamente: "A paz de Deus, que excede todo o entendimento, ocupa agora a minha mente e o meu coração."

O segundo passo: Entenda que você tem na mente aquilo que pratica todos os dias. Diga com frequência: "Eu sei que tenho paz de espírito, porque reforço na minha mente os pensamentos de paz, harmonia e boa vontade; essas ideias me acompanham o dia inteiro."

O terceiro passo: Leia o Salmo 23 todas as noites; relaxe o corpo e diga: "Intensifico agora na minha mente pensamentos de paz, amor e boa vontade. Deus é meu pastor, e o rio da paz de Deus circula através de mim. Em paz me deitarei e dormirei, porque só tu, Senhor, me fazes viver em segurança."

Você pode ter um futuro melhor

Lembre-se do que disse Tiago: "A fé, se não tiver obras, está morta." Você precisa demonstrar a sua fé. Ela é um modo de pensar, uma atitude mental, uma abordagem positiva e afirmativa da vida.

Se você viver, por exemplo, na alegre expectativa do melhor, o melhor invariavelmente vai acontecer. Você está demonstrando para o mundo que a sua fé se encontra em todas as coisas boas.

Viva na firme convicção da sua identidade com Deus, com a vida e com o universo. Você vai constatar que atrai para si pessoas maravilhosas, mais prosperidade e uma crescente conscientização da sabedoria de Deus. Afirme todos os dias da sua vida que a inteligência divina orienta os seus passos ao longo do caminho correto; entenda que Deus é a sua fonte de suprimento. Ele é o doador de cada presente perfeito. Compreenda que todas as suas necessidades são satisfeitas e que existe um excedente divino.

Para obter paz e harmonia, diga, do fundo do coração, todas as manhãs ao acordar: "A paz de Deus, a paz que transcende todo o entendimento, preenche a minha mente e o meu coração." Paulo diz que todas as coisas trabalham conjuntamente em prol do bem para aqueles que amam a Deus. Deus e o bem são sinônimos. Você está em sintonia com todas as coisas divinas. *"Se qualquer pessoa está em Cristo, nova criatura ela é."*

Três passos para um futuro melhor

O primeiro passo: Reconhece o Senhor em todos os teus caminhos, e ele tornará suave as tuas veredas; confia e acredita nele, e ele fará acontecer. Volte-se para o Deus interior e afirme que ele dirige todos os teus assuntos.

O poder da oração para transformar sua vida | 21

O segundo passo: Compreenda que a maneira de ter um bom relacionamento com as pessoas e se ajustar à vida é amá-las. Que o seu coração seja motivado pelo amor e boa vontade para com todos os que o cercam. Reze pela paz e prosperidade de todos aqueles com quem você se relaciona.

O terceiro passo: Tenha uma atitude mental de sucesso clara e distinta. Quando um problema se apresentar, entenda que a Inteligência infinita de Deus está revelando para você o plano perfeito e lhe mostrando o caminho que você deve seguir. Quando for dormir, diga o seguinte: "Deus sabe a resposta." *Sinta* a alegria da oração atendida.

Supere a irritação

"Aquele que não refreia o seu espírito é como uma cidade destruída e desprovida de muros." "Aquele que governa o seu espírito é superior àquele que toma uma cidade."

O controle das emoções é fundamental para que você possa desfrutar de uma vida plena e feliz. Para governar e controlar as emoções e os ataques de raiva, é essencial que você mantenha o controle dos seus pensamentos. Na realidade, você não pode encontrar a paz de nenhuma outra maneira. Nem mesmo a força de vontade ou a coerção mental vão conseguir ajudá-lo. Obrigar a si mesmo a reprimir a raiva não é o caminho.

A resposta é intensificar na mente pensamentos divinos; ocupe-se mentalmente dos conceitos de paz, harmonia e boa

22 | Joseph Murphy

vontade. Mantenha um firme controle sobre os seus pensamentos. Aprenda a substituir o medo pelo amor e a discórdia pela paz.

Você pode conduzir os seus pensamentos em uma direção harmoniosa. Por exemplo, se ouvir uma pessoa dizendo alguma coisa que o perturbe ou deixe irritado, em vez de ceder à raiva ou ao aborrecimento, fale automaticamente: "A paz de Deus que transcende todo o entendimento ocupa agora a minha mente, o meu corpo e todo o meu ser." Repita essa frase várias vezes durante o período de estresse; você vai constatar que toda a tensão e a raiva desaparecem.

Preencha sua mente com amor, e os pensamentos negativos não vão conseguir entrar. Quando alguém lhe disser alguma coisa ríspida ou em tom de reprovação, pense em uma única declaração da verdade, como: "Deus é amor. Ele me conduz a águas tranquilas." A paz vai se insinuar em você, e você vai irradiar essa paz.

Três passos para superar a irritação

O primeiro passo: Ao acordar pela manhã, diga para si mesmo: "Este é o dia de Deus; é um novo dia para mim, um novo início. O poder restaurador, benéfico, reconfortante e amoroso de Deus está circulando através de mim, trazendo paz para a minha mente e o meu corpo agora e sempre."

O segundo passo: Caso esteja enfrentando um problema nos negócios ou se alguma pessoa o perturbar ou irritar, pense imediatamente na presença sagrada Dele. Diga: "Deus está comigo o dia inteiro. A Sua paz, a Sua orientação e o Seu amor possibilitam que eu enfrente todos os problemas com calma e tranquilidade."

O terceiro passo: Irradie amor para todos aqueles com quem você se relaciona. Afirme que eles estão fazendo o seu melhor. "Eu lhes desejo paz, harmonia e felicidade. Saúdo o Deus que existe neles." Acredite: Deus e o seu amor vão aparecer!

O seu renascimento espiritual

Quando a tempestade da vida o perturbar e você achar que o navio está prestes a afundar, lembre-se de que é chegada a hora de despertar o Cristo interior. É assim que você renasce espiritualmente: lembre-se de que Deus está dentro de você, que Ele é a vida da sua existência. "Mais próximo está Ele do que o alento; mais próximo do que as mãos e os pés." Compreenda que "Com Deus tudo é possível." Afirme e saiba que o poder de Deus dentro de você é capaz de enfrentar qualquer dificuldade. Viva na paz e harmonia de Deus onde estiver a dificuldade e uma solução divina e perfeita vai aparecer.

Quando estiver preocupado, diga: "Fique em paz!" A paz de Deus vai se insinuar em você. Entregue o seu fardo (os seus problemas) para a sabedoria de Deus que existe em você, reconhecendo e acreditando que a solução perfeita vai se apresentar da maneira que Deus desejar. Quando você fizer isso com fé e confiança, a tempestade ou ansiedade vai passar, e uma grande calma vai se infiltrar em você; a paz que transcende todo o entendimento. Se você estiver vivendo na limitação e na doença, isso significa sujeição e restrição; significa que você está "no escuro" quanto ao lado superior da vida e às suas tremendas potencialidades. Quando você tiver um vislumbre de alguns fatos muito importantes, o antigo modo de pensar vai ser desalojado e o seu Cristo ou vida interior vai ascender dos mortos — ou do estado de limitação. Reforce na mente os conceitos de paz, harmonia e sucesso; ocupe-a com essas coisas e constate que o seu corpo e as circunstâncias externas vão refletir a sua atitude mental interior, o que representa o renascimento da liberdade. Elimine da mente o preconceito, a mentira, o ciúme e a inveja, abrindo-a para a luz do amor e a inspiração de Deus. O amor de Deus o revitaliza e estimula; é o nascimento Dele em você.

Três passos para o seu renascimento espiritual

O primeiro passo: "Vi um novo céu e uma nova Terra." Eu sei agora que o amor de Deus se manifesta na minha alma. O meu coração sente a presença de Deus, porque eu irradio amor e alegria para todos.

O segundo passo: Sempre que um pensamento negativo, apreensivo ou de reprovação me vem à cabeça, eu respondo: "Deus está comigo." Essa afirmação destrói o pensamento ruim, e a minha alma é ocupada pelo amor por todos os seres.

O terceiro passo: Lembre-se sempre de que Deus nunca muda. Deus está dentro de você, é o seu Pai amoroso que diz: "Não temas, meu filho, porque tudo é teu!"

AMOR É LIBERDADE

Alguns fariseus se aproximaram dele para pô-lo à prova e lhe perguntaram: É lícito ao homem repudiar a sua mulher por qualquer motivo? Ele respondeu: Não lestes que aquele que os criou no início os fez homem e mulher, e disse: Por esta causa deixará o homem o pai e a mãe e se unirá à sua mulher, e os dois se tornarão uma só carne? Desse modo, já não são mais dois, porém uma só carne. Portanto, o que Deus uniu, que ninguém separe... Todo aquele que repudiar a sua mulher, exceto por fornicação, e se casar com outra, estará cometendo adultério.

— Mateus 19:3-6,9

Vejamos essas grandes verdades sob uma nova luz. Deus é amor, e quando o verdadeiro amor no coração reúne um homem e uma mulher, é Deus quem está

28 | *Joseph Murphy*

unindo o casal em um pacto sagrado. Quando existe uma verdadeira união espiritual entre duas pessoas *(Deus uniu)*, não existe o divórcio, já que ele não é desejado. Ambos se unem espiritual, mental e fisicamente.

Não existe outra instituição na Terra tão sagrada quanto a do lar que você está prestes a formar, nem votos tão maravilhosos quanto aqueles que você faz na cerimônia do casamento. O verdadeiro matrimônio é a mais abençoada de todas as instituições terrenas. As pessoas devem entrar no casamento com reverência, de maneira ponderada e com um profundo entendimento do seu significado espiritual. O casamento é uma consonância de ideias divinas, com harmonia e pureza de propósito. A harmonia, a honestidade, o amor e a integridade precisam prevalecer na mente e no coração do marido e da mulher. A partir desse estado interior de integração consciente das características fundamentais de um casamento bem-sucedido, surge o estado exterior correspondente, tornando o externo semelhante ao interno — tranquilo, alegre e harmonioso.

Quando um homem se casa motivado pela riqueza, posição social e contatos políticos da mulher, ou apenas porque ela é jovem e bela e ele deseja exaltar o seu próprio ego, a união não representa um casamento verdadeiro. Na realidade, trata-se de hipocrisia, uma farsa. Quando uma mulher se casa com um homem por causa de sua profissão, para ter segurança pessoal ou por qualquer outra razão que não seja o verdadeiro amor, o casamento é falso e nada mais que um disfarce; ele não é feito no céu, que significa harmonia e entendimento divino.

O poder da oração para transformar sua vida | *29*

Já celebrei cerimônias de casamento entre homens e mulheres de idade avançada, às vezes abençoados com setenta e cinco ou até mesmo oitenta anos, cronologicamente falando. O ardor sexual já se extinguiu em muitos desses casos; no entanto, Deus (o amor) reúne esses casais pela simples razão de serem honestos, íntegros, sinceros e verdadeiros um com o outro, buscando um companheiro carinhoso para compartilhar suas alegrias e experiências. A honestidade, a sinceridade, a integridade e a justiça são filhas do amor. Quando elas estão ausentes na cerimônia do casamento, independentemente da idade dos cônjuges, não se trata de um verdadeiro matrimônio.

O pastor, rabino ou padre que oficia a cerimônia não valida ou santifica o casamento. Ele apenas confirma objetivamente o que o homem e a mulher já sentiam ser verdade subjetivamente: a união de duas almas em busca do caminho de volta para o coração de Deus.

Com que frequência o casamento é uma verdadeira união espiritual na qual as partes do contrato se unem espiritual, mental e fisicamente? Por outro lado, com que frequência se trata de uma simples cerimônia oficial, com marido e mulher começando a se irritar em poucas semanas? Lembre-se de que os iguais se atraem, e se você deseja atrair a companheira ou o companheiro certo, use esta abordagem espiritual comprovada: tranquilize sua mente, pense com clareza e com interesse nas qualidades e atributos que admira em um homem ou uma mulher e se concentre nas características que admiraria no seu parceiro ou parceira — por exemplo, essa pessoa é espiritualizada, leal, fiel, sincera, honesta, talentosa, feliz e próspera. Pouco a pouco essas qualidades vão penetrar na sua mente subconsciente. A inteligência infinita sempre assume o comando quando você reza dessa maneira e, como resultado, você irresistivelmente vai atrair a companheira ou o companheiro que espera. O homem ou a mulher que você atrair será à imagem e semelhança do ideal sobre o qual você meditou. Vocês se harmonizarão perfeitamente, e haverá amor, liberdade e respeito mútuos; isso se chama "casamento feito no céu" ou "paz e entendimento".

Sempre ouço a seguinte pergunta: "Devo me divorciar?" Esse é um problema individual, que não pode ser generalizado. Em alguns casos o divórcio não é a solução, assim como o casamento não é a solução para uma pessoa solitária. Divorciar-se pode ser a atitude certa para alguns e a errada para outros. Uma mulher divorciada pode ser muito mais nobre e divina do que as suas irmãs que estão vivendo uma mentira em vez de enfrentar a verdade. As desculpas e álibis habituais usados para esconder a verdade são que o divórcio seria ruim para os negócios do marido, que os vizinhos iriam comentar, que não seria uma boa política etc. Isso, é claro, significa viver um casamento de aparência.

Há algum tempo, conversei com uma mulher que tinha sido traída e ludibriada pelo marido. Ele lhe disse, antes do casamento, que era representante de uma empresa asiática, que era solteiro e pertencia à mesma religião que ela, mas era tudo mentira. O tempo revelou que o homem era ex-presidiário, espancava a esposa anterior e estava vivendo com outra quando se casou com a mulher que conheci. Esta

O poder da oração para transformar sua vida | *31*

havia adiantado a ele algum dinheiro, aguçando com isso o seu apetite por mais — e esse era o verdadeiro motivo pelo qual ele se casara com ela. Ela achava que era pecado pedir o divórcio, mas desejava ter liberdade e paz de espírito. Expliquei à moça que ela não estava realmente casada, que sua união era simplesmente um embuste, uma farsa; ela estava vivendo uma mentira. Algum tempo depois a mulher pediu o divórcio e terminou de vez com a fraude que era o seu casamento.

Também me lembro do caso que aconteceu durante a guerra, de uma jovem que certa noite ficou completamente embriagada, e em consequência disso, teve amnésia alcoólica. Na manhã seguinte, ela acordou com uma certidão de casamento nas mãos: tinha se casado com um nativo de uma das ilhas. A jovem ficou absolutamente chocada e precisou receber tratamento psiquiátrico. O casamento foi dissolvido imediatamente.

Inúmeras pessoas ficam confusas e se culpam por causa de uma interpretação errônea da seguinte citação bíblica: "Todo aquele que repudiar a sua mulher, exceto por fornicação, e se casar com outra, estará cometendo adultério; e aquele que se casar com a repudiada comete adultério" (Mateus 19:9). A Bíblia também diz: "Quem quer que olhe para uma mulher com cobiça já cometeu adultério com ela no seu coração" (Mateus 5:28).

Aqui nos é dito que o adultério é praticado no coração ou na mente. O coração é a sede das emoções, a natureza dos sentimentos, a mente subjetiva. Os atos do corpo são determinados pelo movimento da mente. Há cem anos, Phineas Parkhurst

32 | Joseph Murphy

Quimby* afirmou que o corpo se move como é movido pela mente, e que age conforme o impulso que recebe.

Na linguagem bíblica, fornicar significa ter lealdade e dar atenção a falsos deuses em vez de ao único e verdadeiro Deus — o espírito vivo onipotente existente no homem, que é o poder supremo e soberano. A Bíblia é um documento psicológico que destaca que, quando o ser humano visita os antros da sua mente e tem como companhia assassinos mentais como o ódio, o ressentimento, a raiva ou a má vontade, está convivendo com o mal, sendo, portanto, culpado de fornicação e adultério. Na linguagem da Bíblia essa pessoa já está divorciada, pela simples razão de que se separou de Deus para se entregar ao prazer imediato. Esse homem ou mulher está coabitando na mente com o mal; não está mais casado com a paz, a harmonia, o amor e o entendimento.

O homem está fornicando quando se une mental e emocionalmente a conceitos errôneos, se entrega ao ressentimento e à raiva ou fica irritado e deprimido. Sempre que os homens e as mulheres estão mentalmente divorciados dos seus votos de casamento, ocorre, com o tempo, uma separação ou divórcio no plano exterior. O lado subjetivo da vida sempre controla o lado objetivo.

Precisamos nos lembrar do seguinte: o fato de um homem e uma mulher possuírem uma certidão de casamento e vive-

---

* Phineas Parkhurst Quimby (1802-1866) foi um mentalista e hipnotizador americano. Um dos precursores das ideias que deram origem ao movimento do Novo Pensamento. (*N. da T.*)

O poder da oração para transformar sua vida | 33

rem na mesma casa não significa necessariamente que essa casa seja um verdadeiro lar. Talvez seja um local de discórdia e ódio. Quando, por exemplo, uma criança está presente e os pais não conhecem as leis da vida, é melhor romper a união do que permitir que a atmosfera de ódio prejudique o desenvolvimento mental dessa criança. Muitas vezes, a vida e a mente de uma criança são ofuscadas pelo estado de espírito dos pais — algo que, com a passagem dos anos, frequentemente resulta em neurose e crime. É bem melhor um menino viver apenas com um pai ou uma mãe que o ame do que morar com duas pessoas que se odeiam e brigam o tempo todo.

Vários homens e mulheres já me disseram que se sentem muito culpados por causa do que chamam de "pecados sexuais". Eles sentem que Deus não os perdoou. Explico a eles que Deus é o princípio vital, que a vida não condena nem pune, e que eles estão simplesmente condenando a si mesmos e, em consequência disso, sofrendo desnecessariamente.

Deus é o princípio vital. Se você queimar o dedo, sabe muito bem que o princípio vital o perdoa reduzindo o edema e lhe fornecendo um novo tecido. A vida não guarda rancor de você porque você se queimou; ela forma um coágulo, constrói uma ponte de novas células e forma uma nova pele. Se você ingerir comida estragada, a vida o perdoa fazendo você regurgitar, purgando com isso o seu sistema de uma possível intoxicação alimentar. A vida sempre busca preservá-lo. Esse é o significado de "Deus não o condena nem pune". Punimos a nós mesmos quando usamos indevidamente a mente subconsciente.

34 | Joseph Murphy

Jesus disse o seguinte à mulher surpreendida em adultério: "Mulher, onde estão os teus acusadores? Ninguém te condenou? Respondeu ela: Ninguém, Senhor! Então, lhe disse Jesus: Eu tampouco te condeno; vai e não peques mais" (João 8:10-11).

A prostituta ou a mulher que tem um filho ilegítimo, que o mundo pode condenar e apedrejar (marginalizar), pode se voltar para a presença de Deus interior e afirmar sua liberdade e paz de espírito. Ela compreende que Deus não condena ninguém. "Teus olhos são tão puros que não consegues enxergar o mal e a iniquidade não podes contemplar" (Habacuque 1:13). A sociedade e o mundo podem condená-la, ou ela pode se envolver na autoacusação e na autocrítica. "Porque o pai não julga ninguém, mas confiou todo julgamento ao filho" (João 5:22).

O *filho* é a sua mente. Este é o lugar onde você profere julgamentos sobre si mesmo por meio dos pensamentos que contempla. Deus, o absoluto, desconhece os nossos erros e medos. Você perdoa a si mesmo substituindo o estado de espírito de culpa, desespero e autocondenação pelo de paz, amor e harmonia.

Afaste-se do passado e desligue-se completamente do seu antigo estilo de vida. Una-se mental e emocionalmente ao seu propósito, que é a paz, a dignidade, a felicidade e a liberdade. Quando você fizer isso, Deus e a sua glória responderão instantaneamente. Você vai perceber uma onda de paz avançando sobre as áreas áridas da sua mente como o orvalho do céu, e as sombras do medo e da culpa vão se dissipar. Quando

O poder da oração para transformar sua vida | 35

deixa de condenar a si mesmo, você constata que o mundo tampouco pode condená-lo.

Não há nada errado no sexo ou em nada que tenha sido criado e decretado por Deus. "Homem e mulher Ele os criou" (Genesis 1:27). "Por essa razão, o homem deixará pai e mãe e se unirá à sua mulher, e eles se tornarão uma só carne" (Gênesis 2:24). Você se entrega completamente no casamento — espiritual, mental e fisicamente. O ato sexual entre marido e mulher deve ser um ato de amor, e cada um deve compreender que o amor é de Deus e que os filhos gerados nascerão desse amor. O instinto sexual não se contrapõe aos impulsos espirituais. O impulso sexual precisa ser canalizado de forma construtiva, harmoniosa e amorosa. O desejo em si não é amor; por outro lado, o ato sexual entre os parceiros do casamento envolve a genuína emoção do amor, que é a essência do amor conjugal.

Muitas mulheres e homens casados têm uma atitude falsa e negativa diante do sexo. Alguns acham que ele é nocivo, sujo e repulsivo, possivelmente devido à criação que receberam ou a algum trauma da infância. Não raramente essa atitude resulta em impotência nos homens e em frigidez nas mulheres.

Várias mulheres me disseram que os maridos eram materialistas e puramente eróticos, e que elas os encaravam com desprezo, afirmando que se sentiam superiores porque desdenhavam e detestavam o ato sexual. Essa atitude é pura racionalização e indica concentrações venenosas subconscientes a respeito do sexo, muito provavelmente causadas pela criação que essas mulheres tiveram e pela falsa interpretação das Escrituras.

36 | Joseph Murphy

Certa vez, uma parente distante me disse que ela e o marido rezavam antes do ato sexual. Não há nada errado com a oração, mas eles rezavam nesse momento porque ela encarava o ato sexual como pecaminoso e sujo; ela imaginava que por meio da prece poderia exorcizar qualquer mal relacionado a essa prática. Basicamente, ela sentia desprezo pelo sexo e era frígida. Ela acrescentou: "Amo o meu marido espiritualmente, mas não fisicamente." Essa mulher separava o amor sexual do amor espiritual.

Expliquei a ela que o casamento é a união total do corpo e da alma. "O homem... se unirá à sua mulher, e eles se tornarão uma só carne" (Gênesis 2:24). A partir desse momento, ela começou a afirmar: "Amo o meu marido espiritual, mental, emocional e fisicamente. Ele é um homem de Deus, e eu irradio amor, paz e boa vontade para ele. O amor de Deus flui de mim para ele, e o nosso relacionamento sexual é alegre, carinhoso e harmonioso. O amor mútuo, a liberdade e o respeito estão presentes entre nós."

Algumas semanas depois, a frigidez da minha parenta desapareceu e o casamento se tornou harmonioso. Ela percebeu intuitivamente uma grande verdade: Deus havia colocado no seu coração o desejo de atrair um homem, e havia colocado no marido o desejo de atrair uma mulher.

Alguns dias atrás, conversei com uma mulher que estava prestes a se divorciar pela oitava vez. Ela estava excessivamente amarga e ressentida com o atual marido e também com todos os anteriores. Essa mulher sempre se casava sem ter perdoado e libertado mentalmente o marido anterior, e o mais recente

O poder da oração para transformar sua vida | *37*

era sempre o pior deles. A sua disposição interior de ressentimento a fazia se sentir atraída por tipos semelhantes de homens, baseada na lei da atração. A cura envolveu perdoar a si mesma e a todos os ex-maridos anteriores e incorporar ao seu pensamento o equivalente mental do tipo de homem que desejava.

Se você tocar uma das teclas de um piano de cauda, todos os tons que estiverem em harmonia com ela responderão. Eles poderão ser mais altos ou mais baixos, mas serão semelhantes. Do mesmo modo, você pode atrair para si pessoas que têm qualidades baseadas no seu estado de espírito e no seu conceito sobre si mesmo. Trata-se de afinidade ou atração, dependendo do acorde que você tocar. Você pode tocar uma dissonância, mas não retira todas as dissonâncias a fim de criar uma harmonia. Quando você disciplina a mente na oração e penetra no espírito do perdão, pode tocar uma melodia divina.

Suponha que um homem traia a mulher. Se ele sentisse amor e respeito pela esposa, não iria desejar nenhuma outra pessoa. Quando um homem encontra o seu verdadeiro ideal espiritual no casamento, não procura nenhuma outra mulher. O amor é unidade, e não dualidade ou multiplicidade. O homem que se relaciona com muitas mulheres — o que indica as múltiplas disposições de ânimo dentro dele — está se casando com muitos conceitos, como a frustração, o ressentimento, o ceticismo etc. Quando você encontra amor com o seu parceiro ou parceira, também encontra a plenitude na vida.

Você poderá perguntar: "Por que antigamente alguns homens tinham muitas esposas?" O motivo era que naquela época a Terra era subpovoada e os pais terrenos, por não conhecerem nada melhor, seguiam esse método polígamo. Hoje em dia estamos espiritualmente mais despertos, e sabemos que a Terra está suficientemente povoada.

O homem promíscuo sofre de um profundo complexo de inferioridade e se sente inseguro, de modo que todas as mulheres que encontra são instáveis, neuróticas e confusas como ele. Ele está vendo e ouvindo as suas próprias vibrações interiores. "Diz-me com quem andas e dir-te-ei quem és." "O semelhante gera o semelhante."

Vejamos o caso da mulher que mantém um relacionamento com um homem casado. Ela foi incapaz de materializar um marido ou namorado, então obtém uma pseudossatisfação, ou falsa emoção, ao se envolver com o marido de outra. Ela também convive com um complexo de inferioridade e é instável.

O homem se deprecia ao sentir carência e limitação. O seu medo é transmitido para a esposa, e esta reage de maneira correspondente. Não consegue vê-lo como via anteriormente, já que ele não tem o mesmo sentimento com relação a si mesmo. Ela só consegue vê-lo da maneira como ele vê a si mesmo; do mesmo modo, ele só consegue enxergá-la da forma como ela se enxerga.

Se um homem se sente digno de consideração, demanda respeito e o recebe. O homem cujo estado de espírito predominante é o sucesso e a felicidade unifica todos os membros da sua unidade familiar. Ele é uma influência estabilizadora, e a paz e a harmonia reinam no seu lar.

O poder da oração para transformar sua vida | 39

A vida sexual prevalece na vida vegetal, animal e humana. Basicamente, trata-se da força vital buscando expressão nas suas diversas formas. O anseio sexual opera em você por meio dos seus talentos, aptidões, sentimentos e anseios. Sempre que você reflete sobre as verdades de Deus, ou sobre uma ideia, e penetra nesse sentimento, isso também representa uma fase do sexo. A sua ânsia e sede de verdade, a sua consciência e entendimento espiritual, e o seu intenso desejo de reproduzir cada vez mais a bondade de Deus na terra dos vivos, tudo isso representa um escoadouro espiritual para o anseio sexual ou força vital que existe em você.

Quando você não se expressa plenamente nesses moldes e não canaliza construtivamente a sua libido ou força vital, as emoções são bloqueadas e reprimidas, o que resulta em frustração, neurose, desequilíbrio, distúrbios mentais e em formas de escape como o alcoolismo ou o vício em drogas.

Um homem certa vez vangloriou-se para mim de que não tinha relações com a sua mulher havia mais de quatro anos, acrescentando que tinha se tornado mais *espiritual*. Ele pertencia a um estranho culto cujo líder afirmava que, para evoluir espiritualmente, ele teria que levar uma vida casta e se abster de ter relações com a esposa. Esse homem estava neurótico, atormentado por úlceras e mentalmente perturbado. Ele tinha sido submetido a uma lavagem cerebral que o levara a acreditar que o sexo era nocivo e inibiria a sua iluminação espiritual. Expliquei a ele que isso era um completo disparate e um modo de pensar primitivo baseado na ignorância, superstição e medo do sexo.

40 | Joseph Murphy

Por sugestão minha, ele reatou as relações normais com a esposa, passando a considerar o ato como algo natural e correto. Ele compreendeu que Deus o colocara no mundo para desfrutar de todos os seus sentidos e para multiplicar e repovoar a Terra. A utilização sensata e moderada das nossas faculdades, anseios e desejos em todas as coisas é a resposta, e não a repressão ou inibição. A partir desse momento, a permanente oração desse homem passou a ser a seguinte: "Temos um casamento de amor verdadeiro e duradouro que é alegre, feliz, satisfatório e harmonioso. O amor divino reina agora, supremo no nosso matrimônio." O casamento deles se tornou muito mais feliz do que antes.

Se estiver faltando amor na sua vida, faça com frequência a seguinte oração: "O amor, a sabedoria e a harmonia de Deus estão sendo expressos por meu intermédio agora. A serenidade, a estabilidade e o equilíbrio reinam supremos na minha vida." À medida que você fizer dessa oração um hábito, maravilhas acontecerão na sua vida. O amor, a inspiração e a orientação vão surgir espontaneamente, e você se tornará um ímã irresistível que atrairá todas as bênçãos da vida, vindas de todas as direções.

Rapazes e moças sempre me perguntam se devem ter experiências sexuais antes do casamento. Eu lhes digo que o casamento não muda nada e que, se eles satisfizerem livremente os seus desejos antes do casamento, como poderão esperar fidelidade e confiança depois dele?

Um jovem estudante de física de Nova York defendia o amor livre. "A moralidade", dizia ele, "é uma piada". Esse rapaz

O poder da oração para transformar sua vida | 41

não tinha princípios e mantinha relações sexuais com várias colegas de faculdade. Uma delas ficou grávida. Seguiu-se um processo judicial e ele teve que se casar às pressas. Precisou abandonar a faculdade para poder sustentar a esposa e foi trabalhar como garçom. Ele se casou com uma jovem com quem não queria se casar e os dois tiveram um filho que nenhum dos dois desejava. Onde estão a liberdade e o amor livre que ele pregava? O rapaz colocou a si mesmo na prisão da privação, da insuficiência, do ressentimento e da pobreza.

Você tem consciência de que precisa refrear o seu apetite pelo álcool, gordura, sorvete e cigarro. Do mesmo modo, é obrigado a controlar as suas emoções, anseios e impulsos, e precisa garantir que eles sejam expressos de maneira harmoniosa e sensata. A sua vida sexual precisa ser baseada em amor e entendimento.

As experiências sexuais pré-conjugais não são determinantes para uma vida conjugal feliz. Não é raro o homem desconfiar da mulher que ele pode ter com tanta facilidade. Ele diz a si mesmo: "Se ela faz isso antes do casamento, vai fazer também com outros depois." Pergunto a um rapaz: "A sua namorada é mais nobre, digna, meiga e honrada aos seus olhos agora do que antes de você ter relações sexuais com ela?" Geralmente o jovem fica vermelho e responde: "Não; acho que você está certo."

A felicidade no casamento depende de amor, lealdade, sinceridade, devoção à verdade, integridade e do desejo de elevar um ao outro de todas as maneiras, inclusive do ponto de vista mental e espiritual. O amor não leva uma mulher para um motel decadente; tampouco pode ser vivenciado furtiva-mente por meio de uma relação ilícita nesse estabelecimento de quinta categoria.

Para manter uma vida conjugal feliz, rezem juntos e vocês permanecerão unidos. Afirmem com frequência: "O amor divino, a harmonia, a paz e o perfeito entendimento estão agora operando e se expressando no nosso casamento celestial. De manhã, à tarde e à noite nós saudamos a divindade um no outro; todos os nossos caminhos são prazerosos, e todos os nossos percursos são pacíficos."

OS VENENOS MENTAIS E OS SEUS ANTÍDOTOS

A atitude mental correta induz a cura

Existem venenos mentais e físicos. Os venenos mentais são os pensamentos errôneos que atuam subterraneamente na consciência como um riacho contaminado e que emergem até mesmo anos depois em experiências erradas (em uma doença, uma perda, na infelicidade etc.).

Li há algum tempo a respeito de uma experiência científica na Rússia na qual cianeto de potássio foi administrado a seis gatos hipnotizados e condicionados sem efeitos fatais, enquanto seis outros animais não condicionados morreram. Se tivéssemos fé suficiente no poder subjetivo de Deus dentro de nós, poderíamos anular todos os venenos mortais, mentais e de outros tipos.

E qual é a recomendação? O primeiro passo é não ter medo do câncer, tuberculose, artrite ou transtorno mental a partir deste momento. O segundo passo é compreender que o distúrbio é produto de um falso modo de pensar e não terá mais poder para continuar a existir. Você estará então exaltando o Deus que existe em você, o que vai interromper toda a toxicidade em você ou na pessoa para quem estiver rezando.

Declare o distúrbio "falso" e exalte Deus vendo a solução perfeita, a beleza e a saúde manifestadas onde está o problema.

Entre os venenos mentais mais fatais estão o medo, o ódio, a autopiedade, o ressentimento, a inveja, a vingança, a solidão e a melancolia. O nome bíblico para o medo é um pensamento cego e falso chamado Golias. A palavra "Golias" significa uma ideia ou pensamento agressivo e dominador que se vangloria do seu poder, intimida, amedronta, aterroriza e assusta, obrigando você a se submeter ao mundo desprezível dele. Talvez você tenha receio de encontrar na sua mente esse bandido, intruso ou saqueador. É possível que você esteja com medo dos resultados e hesite em enfrentar abertamente essa sombra sinistra e expulsá-la.

É preciso que você desempenhe o papel de Davi a fim de se livrar desse bandido chamado medo. "Davi" significa um homem que ama a Deus, que sabe que existe um único poder

O poder da oração para transformar sua vida | 45

soberano que se move como uma Unidade, não conhece divisões ou rixas e cujo nome é amor. Davi, que é a sua conscientização da presença e poder de Deus, matou o gigante filisteu Golias, ou o medo, com uma pedra lançada do seu estilingue. O medo é uma sombra da mente sustentada pela ignorância e escuridão. O seu medo, quando colocado diante da luz da razão e da inteligência, não consegue suportar a luz e desaparece. Entre os filhos do medo, encontramos os seguintes:

O ódio, que é na verdade o amor invertido ou mal direcionado baseado na ignorância.

A autopiedade, que é na realidade a autoabsorção. Esse veneno mental se infiltra na corrente sanguínea psíquica, envenenando as fontes de fé e esperança e conduzindo à demência precoce, à melancolia etc. O antídoto é encontrar o seu *outro* eu (Deus) e ficar inebriado ao perceber o seu amor a Ele. O seu sentimento de união com o poder único vai promover o renascimento da paz, da saúde, da confiança e da força.

O medo da velhice é outro veneno mental. A velhice não representa a passagem do tempo, mas sim o despontar da sabedoria, da verdade e da beleza.

A solidão diz respeito à falta de amor. Aquele que não ama busca o amor, mas o que ama encontra o amor e a amizade em toda parte. O antídoto é se apaixonar mentalmente pelos companheiros de Deus, que se chamam boa vontade, bondade, delicadeza, paz, paciência e entendimento, e ter um sincero interesse pelos outros. Irradie o amor de Deus — uma porção dupla do espírito — para os que estão ao seu redor e você expulsará imediatamente a solidão. Deus também lhe concederá uma dupla recompensa e os seus benefícios serão imensamente multiplicados.

O seu estado mental é o seu senhor. É tolice permitir que o ignorante, cego e inadequado monstro do medo o intimide e governe as suas atividades. Considere-se inteligente e brilhante demais para que isso aconteça. Por que não se tornar Davi? Desempenhe o papel, porque isso lhe pagará fabulosos dividendos. Davi significa que a sua fé em Deus é maior do que o medo. O medo é a fé de cabeça para baixo. O medo é uma conglomeração de sombras escuras e sinistras na mente. Torne-se um gigante espiritual, invoque Davi (que é a confiança em Deus). Ele está dentro de você, convoque-o. Ao mesmo tempo, você pode evocar o amor de Deus.

Os filhos da fé em Deus são o amor, a paz, a delicadeza, a benevolência, a bondade, a alegria, o equilíbrio, a tranquilidade e a serenidade.

Quando compreende que existe um único poder, uma única causa — o Criador —, você oferece toda a sua dedicação, devoção e lealdade a esse Criador, e se torna então Davi, o amado de Deus. Davi (a consciência espiritual) não tinha armadura ou proteção material como as que eram usadas naqueles dias. O seu poder era a confiança no Deus dos seus pais, sabendo que a Inteligência Infinita tinha a resposta para qualquer problema.

Quando você reivindica a orientação e o conselho de Deus, sempre enxerga os pontos fracos na armadura de Golias ou da pessoa que o ameaça com uma terrível catástrofe. Na ver-

O poder da oração para transformar sua vida | 47

dade, nunca é a pessoa que tem o poder, e sim o pensamento na sua mente. Os inimigos são da sua família (mente). "Davi então meteu a mão no alforje, pegou uma pedra e atirou-a com a funda, ferindo o filisteu na testa. A pedra penetrou-lhe na fronte e ele caiu sobre o rosto na terra" (1 Samuel 17:49). A pedra é a sua convicção do único Deus, do único poder. A pedra é dura e impermeável, o que significa que a sua fé ou confiança no poder espiritual é inflexível e inabalável. Em outras palavras, a sua atitude é impassível, imperturbável e inflexível, e você confia no ser único, belo e benigno. Com essa pedra ou convicção mental, você estilhaça a testa do gigante chamado medo — ou Golias. O medo tende a se vangloriar, e é nisso que reside a fraqueza dele. Davi (o amante da verdade) avançou com uma única ideia: demonstrar a supremacia do poder de Deus. Quando você avançar seguro de que "um com Deus é maioria", vai constatar que é guiado em tudo o que faz e se torna o vencedor inevitável.

Não combata o medo com o medo; em vez disso, enfrente-o com uma declaração direta da presença e poder de Deus, que torna o medo impotente. Diga para si mesmo: "O Senhor é a minha luz e a minha salvação; a quem temerei? O Senhor é a firmeza da minha vida; de quem terei medo?" (Salmos 27:1). Você tem medo de alguma doença que o acometeu? Você vai notar que um pensamento errôneo da sua mente pode se gabar e se vangloriar do pseudopoder dele e ameaçá-lo. Não deixe que esses pensamentos o intimidem. Enfrente-os e domine-os agora. Compreenda que toda discórdia é fabricada pela sua mente; não é algo que você contrai externamente. Você pode modificar a sua mente percebendo que a presença da cura infinita que criou o seu corpo o está curando agora. Quando fizer isso de maneira consciente e intencional, haverá uma reorganização dos padrões de pensamento no seu subconsciente e a cura vai acontecer. A sua convicção mental atual determina o seu futuro e a sua experiência.

Medite e reze sobre valores positivos e espirituais. Afirme o seu ideal, solução, saúde ou paz de espírito com base no fato de que o espírito que existe em você é supremo e onipotente. Ao pensar na solução ou ideal com fé e confiança, você estará condicionando a sua mente para a resposta. Ela pode ser preenchida com confiança ou medo, conforme o que você coloca nela. Torne-se Davi, o jovem pastor de rosto corado, compartilhando e se apropriando agora da sua divindade. Tenha discernimento para perseverar e saber que vai encontrar na jornada da vida apenas aquelas experiências que você, de forma consciente ou inconsciente, enviar antecipadamente. Afirme que Deus e o amor Dele seguem na sua frente; isso envolve o estado de espírito da segurança, da fé e da confiança em um poder onipotente que nunca falha. Agindo dessa maneira, você é Davi, que avança com poder e justiça, vestido com a armadura completa de Deus, preparando-se para a liberdade, paz de espírito e felicidade.

A história no livro de Samuel nos diz que Davi decepou a cabeça de Golias. É isso que o homem com uma mentalidade espiritual precisa fazer com todos os erros, falsas convicções e superstições existentes na sua mente. Ele precisa cremar, reduzir às cinzas e destruir todos os pensamentos negativos

O poder da oração para transformar sua vida | 49

com a chama do amor divino e do pensamento correto. Golias (ou o medo) representa a fé em um falso deus. Você é Davi, adequadamente equipado quando percebe que tem fé no único Deus verdadeiro — o único poder e presença.

Conversei recentemente com um casal que estava convencido de que iria perder tudo em uma ação judicial que já se arrastava havia cinco anos. Os dois estavam muito pessimistas, porque tudo indicava que a outra parte estava mentindo e, como se diz, tentando levar vantagem injustamente. O advogado do casal havia dito que, na sua opinião, eles não tinham a menor chance, e ambos assumiram essa opinião como verdade absoluta. Expliquei a eles que a declaração ou opinião do advogado não tinha nenhum poder, e que as palavras daqueles homem não poderiam ocasionar o que ele havia sugerido. Eles entenderam que o único poder que a opinião do advogado tinha era o fato de eles a aceitarem mentalmente. Eles tinham aceitado a sugestão apresentada e reagido de forma correspondente, mas tudo tinha acontecido nas suas próprias mentes. Eles permitiram que o seu advogado lhes sugerisse que iam perder o caso. O poder estava no pensamento deles o tempo todo. O casal passou a rezar da seguinte maneira: "Deus é harmonia absoluta e justiça absoluta; por conseguinte, o resultado é justiça, harmonia e satisfação para todos." Essa era a oração simples que eles faziam. A premissa era verdadeira, de modo que a conclusão tinha que ser verdadeira. Além disso, o início e o fim eram os mesmos. Se um homem começa com Deus, ele termina com Deus, com o bem. O fruto está na semente, o carvalho está na bolota. A

50 | Joseph Murphy

ação judicial teve uma solução perfeita e harmoniosa, e foi resolvida fora do tribunal.

Deus nunca se atrasa; o segredo está em permanecer fiel e leal àquilo que você sabe ser verdadeiro a respeito de Deus. Não hesite em desembainhar a espada da verdade como Davi. Arme-se com o raciocínio espiritual e o entendimento da lei divina e das verdades eternas. Destrua brutalmente e sem compaixão todos os padrões de pensamento negativo na sua mente; ordene que eles partam de forma dinâmica e contundente, e deixe entrar a luz, o amor e a verdade de Deus. A sua percepção espiritual atua como uma espada porque desliga você completamente do antigo modo de pensar, crença da raça, também chamada de crença coletiva, em outros poderes, de entidades maléficas e hipotéticos opostos ao único poder supremo e amoroso.

Uma mulher me disse na semana passada: "Estou com tanta raiva que poderia matar a May!" Parece que May havia espalhado mentiras a seu respeito, e também tinha tentado comprometê-la no cargo que ocupava. A mulher permitiu que May a perturbasse; em outras palavras, ela concedeu a May um poder que esta não possuía. O problema residia na sua vida de pensamentos. May não era responsável pela maneira como a mulher estava pensando a respeito de si mesma; ela compreendeu de repente que todo o problema residia nas suas próprias imagens mentais e padrões de pensamento. Ela permitiu que Golias (o medo) ficasse fora de controle na sua mente, intimidando-a, amedrontando-a, aterrorizando-a e assustando-a — e todo o processo tinha sido criado por ela

O poder da oração para transformar sua vida | 51

mesma. A jovem tinha bom senso e começou a descarregar a raiva nas bactérias do medo, do ódio e do ressentimento que povoavam a sua mente, expulsando esses venenos mentais e neutralizando os efeitos tóxicos com o pensamento e o sentimento corretos. A mulher colocou Deus de volta no trono da sua mente, dizendo para si mesma: "Não temerei nenhum mal, pois estás comigo" (Salmos 23:4).

Onde Deus está não pode haver nenhum mal. Então, à medida que ela saturou a mente com a simples verdade — "Deus existe; a Sua presença ocupa a minha alma e governa a minha vida" —, toda má vontade desapareceu. Ela passou a recusar categoricamente que outra pessoa lhe causasse enxaqueca, indigestão, insônia e nervosismo. Ninguém tem esse poder. O poder está na sua vida de pensamentos. É você quem determina como avança o seu pensamento. O bem e o mal são movimentos da sua mente. Não permita que os intrusos do medo, ressentimento e inadequação o limitem, prendam e imobilizem nas correntes da servidão. O mundo que enxergamos é na verdade o mundo que nós somos. Nós enxergamos através das imagens e convicções mentais da mente subconsciente. Colorimos tudo com o nosso condicionamento interior. O ser humano projeta os seus sentimentos, preconceitos e animosidades nas pessoas, formando uma imagem deturpada e distorcida de tudo.

Defina a sua meta. Para onde você vai? Qual é o seu objetivo? Trace um plano ou propósito definido e depois afirme que Deus está tomando providências em seu benefício. Sempre que qualquer sugestão negativa tentar afastar a sua atenção da meta que você tem em mente, decepe categórica e decidida-mente a cabeça dela com a sua espada espiritual da razão, que lhe diz que existe um único poder espiritual e que o Deus que lhe conferiu o desejo é o mesmo Deus que o satisfaz. É fácil, porque "o Pai que vive em mim é quem faz as obras". Ninguém tem o poder de perturbá-Lo ou remover a sua fé e confiança Nele. Eleve a sua perspectiva! Deixe que a sua visão se fixe na meta, no apogeu que você deseja alcançar, e você vai chegar ao lugar onde está a sua visão.

Torne-se Davi apaixonando-se pelas verdades de Deus e confie completamente na sabedoria infinita, certo de que ela vai lhe mostrar a solução. Reconheça que a ação de Deus lhe trará beleza, paz, o lugar divino correto e harmonia. Davi era filho de Jessé, que significa o filho do eu sou ou Deus. Do mesmo modo, VOCÊ é filho do Infinito e filho da eternidade. Aproxime-se do seu Pai. Ele o ama e se importa com você! Quando você se voltar para Ele, Ele se voltará para você; surge então a alvorada e todas as sombras fogem apressadas.

AS MARAVILHAS DO DIÁLOGO INTERIOR

Que as palavras da minha boca e a meditação do meu coração sejam aceitáveis para ti, Senhor, minha rocha e meu redentor.

— *Salmos 19:14*

Maravilhas vão acontecer na sua vida quando os pensamentos e sentimentos interiores concordarem com as palavras que saem da sua boca. A propósito disso, eu gostaria de mencionar o seguinte caso: um homem estava envolvido em um processo judicial demorado que, além de um tempo considerável, vinha consumindo muito dinheiro por conta das despesas com advogados. Ele estava esgotado, amargo e hostil em relação à outra parte e aos seus

54 | Joseph Murphy

próprios advogados. O seu diálogo interior, que representa os seus pensamentos internos, silenciosos e não externados, era mais ou menos assim: "É um caso perdido! Já vem se arrastando há cinco anos; estou sendo passado para trás. É inútil continuar. O melhor que tenho a fazer é desistir" etc. Expliquei a ele que esse diálogo interior era altamente destrutivo e estava, sem dúvida, desempenhando um importante papel no prolongamento do caso. Jó disse o seguinte: "Aquilo que eu mais temia me aconteceu." (Jó 3:25)

O homem mudou de forma radical o seu diálogo interior e exterior quando entendeu completamente o que vinha fazendo consigo mesmo. Na verdade, ele estivera rezando contra si mesmo. Eu lhe fiz uma única pergunta: "O que você diria se eu lhe informasse neste minuto que uma solução perfeita e harmoniosa foi alcançada e que toda a questão foi concluída?"

O homem respondeu o seguinte: "Ficaria encantado e eternamente grato. Eu me sentiria maravilhosamente bem por saber que tudo terminou."

Ele concordou, a partir daquele momento, em adotar medidas para garantir que o seu diálogo interior, como destacou Ouspensky,* estaria alinhado com o seu objetivo. O homem passou, então, a fazer regular e sistematicamente a seguinte oração que lhe sugeri: "Agradeço pela solução perfeita e harmoniosa que surgiu da sabedoria do Onissapiente." Ele

---

* Pyotr Demianovich Ouspensky (1878-1947) foi um filósofo e ocultista russo que expandiu o trabalho do famoso místico, filósofo e mestre espiritual George Ivanovich Gurdjieff (1866-1949). (*N. da T.*)

O poder da oração para transformar sua vida | 55

repetiu frequentemente essa frase para si mesmo durante o dia. Quando dificuldades, atrasos, reveses, discussões e o medo lhe vinham à cabeça, ele afirmava silenciosamente essa verdade. Parou completamente de fazer declarações verbais negativas e começou a vigiar o seu diálogo interior, por saber que este último sempre se manifestaria. O que sentimos interiormente é o que expressamos. Podemos dizer uma coisa com a boca e sentir outra no coração, mas é o que sentimos que é reproduzido na tela do espaço. Nunca devemos afirmar internamente o que não desejamos vivenciar externamente. Os lábios e o coração devem concordar, e quando isso acontece, a nossa oração é atendida.

Precisamos vigiar o nosso estado psicológico interior. Algumas pessoas resmungam consigo mesmas, são invejosas, ciumentas, fervilham de raiva e hostilidade. Essa atitude mental é altamente destrutiva e deixa no seu rastro o caos, a doença e a privação. Você certamente conhece alguém que se justifica, que diz a si mesmo que tem o direito de ficar zangado, de tentar se vingar e procurar ajustar as contas. Essa pessoa está tocando um velho disco na vitrola do subconsciente que recita todos os álibis, desculpas e justificativas para o seu estado fervilhante. É bem provável que esse indivíduo não saiba que esse estado mental o faz perder energia psíquica em grande escala, tornando-o ineficiente e confuso. O diálogo interior negativo de uma pessoa geralmente é direcionado contra outra.

Conversei recentemente com um homem que me contou que tinha sido tratado com desprezo, que sentia um ódio imenso do seu ex-empregador e que planejava se vingar. Esse homem tinha úlceras no estômago causadas pelo tumulto e irritação interiores. Expliquei que ele vinha registrando impressões muitos destrutivas de raiva e ressentimento na sua mente subconsciente, que sempre manifesta aquilo que é gravado nela. Essas emoções destrutivas precisam ter um escoadouro; no caso dele, tinham se materializado como neurose e úlceras.

Esse homem reverteu os seus processos mentais, liberando o ex-empregador no oceano ilimitado do amor de Deus e desejando para ele todas as bênçãos do céu. Ao mesmo tempo, preencheu a mente com as verdades de Deus, identificando-se com a presença de cura infinita e compreendendo que a harmonia, a paz e a perfeição do ser infinito estavam saturando a sua mente e o seu corpo, tornando-o sadio em todos os aspectos. As vibrações espirituais que lhe permearam a mente foram transmitidas para todo o seu sistema, e as células do seu corpo adquiriram uma nova qualidade espiritual que resultaram na cura da sua condição dissonante.

A Bíblia diz o seguinte: "Se dois dentre vós concordarem na terra acerca de qualquer coisa que pedirem, ela lhes será concedida por meu Pai que está nos céus." Quem são esses dois? O texto está se referindo a você e ao seu desejo, ou seja, se você aceitar mentalmente o seu desejo, a mente subconsciente o tornará realidade, porque o consciente e o subconsciente concordaram ou se sincronizaram. Os dois, quando concordam, representam o pensamento e o sentimento, a ideia e a emoção. Se você conseguir conferir emoção ao conceito, o

O *poder da oração para transformar sua vida* | 57

aspecto masculino e o feminino da sua mente terão concordado e haverá um resultado, a saber, a oração atendida.

É preciso lembrar que o que quer que aceitemos ou sintamos ser verdade é impregnado na mente subconsciente. O subconsciente é o veículo criativo; a tendência dele, como ressalta Troward,* é sempre em direção à vida. Ele controla todos os órgãos vitais, é a sede da memória e o agente de cura do corpo. O subconsciente é alimentado por fontes ocultas e se identifica com a inteligência infinita e o poder infinito.

É muito importante dar as instruções adequadas ao subconsciente. Se uma pessoa, por exemplo, se concentra em obstáculos, atrasos, dificuldades e obstruções à sua programação, o subconsciente vai entender essas ideias como um pedido e passará a produzir dificuldades e contratempos na experiência desse indivíduo. Procure sempre alimentar o subconsciente com premissas que sejam verdadeiras.

Que tipo de diálogo interior que não é expresso em voz alta tem lugar em você o tempo todo? É o seu diálogo interior que o subconsciente escuta e ao qual obedece. O subconsciente registra os seus pensamentos e sentimentos silenciosos, e é um gravador muito fiel. Ele registra tudo e toca o disco gravado para você na forma de experiências, condições e eventos. Você não precisa viajar psicologicamente com o medo, a dúvida, a ansiedade e a raiva. Nenhuma lei determina que você tenha que viajar com bandidos, assassinos, criminosos, invasores

---

* Thomas Troward (1847-1916) foi um autor inglês cujas obras influenciaram o Movimento do Novo Pensamento e o cristianismo místico. (*N. da T.*)

58 | *Joseph Murphy*

e ladrões na sua mente. Se você continuar a convidar esses ladrões e outros marginais para a sua mente, eles vão privá-lo da sua saúde, felicidade, paz e prosperidade, tornando-o um desastre físico e mental.

A pressão sanguínea de uma mulher era superior a vinte, o que provocava intensas crises de enxaqueca. E a causa de tudo isso era o seu diálogo interior destrutivo. Ela sentia que uma certa pessoa não a tinha tratado corretamente e se tornou muita negativa em relação a ela. A mulher justificava para si mesma que era adequado ser hostil e antipática com a pessoa em questão, e permitiu que a situação se prolongasse por várias semanas, encontrando-se, portanto, em um estado emocional profundamente perturbado. Essa atitude negativa drenava a sua força, causando mudanças fisiológicas na sua corrente sanguínea. Em suas próprias palavras, ela estava prestes a explodir de raiva. A pressão interior, a crescente tensão e a fervilhante hostilidade eram a causa da hipertensão, aliada à enxaqueca, que a castigava.

Essa mulher começou a praticar as maravilhas do diálogo espiritual interior. Compreendeu que estivera se envenenando e que a outra pessoa não era de modo nenhum responsável pela maneira como ela pensava ou se sentia a respeito de si mesma. Ela era a única pensadora no seu universo, e estivera alimentando pensamentos malévolos, destrutivos e mal-intencionados que eram venenosos para todo o seu sistema. Começou a entender e perceber que ninguém poderia tocá-la a não ser por meio dos seus próprios pensamentos ou da sua atividade mental. Tudo o que tinha que fazer para praticar

O poder da oração para transformar sua vida | 59

as maravilhas do verdadeiro diálogo espiritual interior era se identificar com o seu propósito, que era paz, saúde, felicidade, alegria, serenidade e tranquilidade. A mulher começou a se identificar com o rio da paz de Deus e o amor de Deus, que circulavam através dela como um rio amarelo-dourado que reconfortava, restaurava e revigorava a sua mente e o seu corpo.

Ela passou a rezar em silêncio, durante quinze minutos, três ou quatro vezes por dia. Os seus pensamentos e sentimentos interiores eram os seguintes: "Deus é amor, e o amor Dele invade a minha alma. Deus é paz, e a paz Dele preenche a minha mente e o meu corpo. Deus é saúde perfeita, e a saúde Dele é a minha saúde. Deus é alegria, a alegria Dele é a minha alegria, e eu me sinto maravilhosa." Esse tipo de diálogo interior, que representava os seus pensamentos interiores a respeito de Deus e das qualidades Dele, produziu um completo sentimento de equilíbrio, estabilidade e harmonia na sua mente e no seu corpo. Quando pensamentos sobre a outra mulher lhe vinham à cabeça, ela imediatamente se identificava com o seu propósito: a paz de Deus. Ela descobriu as maravilhas do verdadeiro diálogo interior quando os seus lábios e o seu coração passaram a se unir e se identificar com as eternas verdades de Deus, tornando-se com isso impermeável ao impacto de ideias e pensamentos negativos.

Como você lida com as pessoas na sua mente? Esse é o teste decisivo da verdade que liberta. Se você enxerga o Deus que existe nelas, isso é maravilhoso, porque você está praticando as maravilhas do diálogo interior de um ponto de vista construtivo, já que está se identificando com o seu propósito, que é Deus ou o bem. Ouspensky salientou que o nosso diálogo interior deve sempre concordar com o nosso objetivo.

Um jovem tinha um propósito: ter uma saúde perfeita. No entanto, sua mente consciente sempre lhe lembrava de que ele sofria de uma doença no sangue há anos. O rapaz estava tomado pela ansiedade, medo e dúvida. Os familiares não paravam de lhe lembrar de que a enfermidade era duradoura e que ele talvez nunca se curasse. É claro que o seu subconsciente estava recebendo todas essas impressões negativas, e o rapaz não conseguia melhorar. Era necessário que o seu diálogo interior concordasse com o seu propósito. Em outras palavras, as duas fases da sua mente tinham que concordar e estar em sincronia. Esse jovem começou a ter uma conversa diferente com o seu subconsciente. Recomendei a ele, que me ouviu ávida e atentamente, que afirmasse devagar, com tranquilidade, delicadeza, amor e sentimento, várias vezes por dia: "A inteligência criativa criou o meu corpo e está criando o meu sangue agora. A presença restauradora sabe como curar e está transformando, agora, cada célula do meu corpo conforme o padrão de Deus. Eu ouço e vejo o médico me dizendo que estou saudável. Tenho essa imagem na mente agora, eu o vejo com clareza, ouço a sua voz e ele está me dizendo: 'John, você está curado. É um milagre!' Eu sei que essas imagens construtivas estão descendo à minha mente subconsciente, onde estão sendo reveladas e implementadas. Eu sei que ela está em contato com o Ser infinito e a sabedoria, e o poder Dele está tornando o meu pedido realidade, apesar de todas as evidências palpáveis em contrário. Eu sinto e

O poder da oração para transformar sua vida | 61

acredito nisso, e estou neste momento me identificando com o meu objetivo: ter uma saúde perfeita. Este é o meu diálogo interior de manhã, à tarde e à noite."

O rapaz repetia essa oração de dez a quinze minutos quatro ou cinco vezes por dia, especialmente antes de dormir. Devido ao hábito, de vez em quando a sua mente se descontrolava, afligindo-se, estressando-se, preocupando-se, repassando o veredito dos outros e os seus repetidos fracassos anteriores no processo de cura. Quando esses pensamentos lhe vinham à cabeça, ele dava a ordem: "Parem! Eu sou o Senhor. Todos os pensamentos, imagens e respostas precisam me obedecer. De agora em diante, todos os meus pensamentos giram em torno de Deus e do Seu maravilhoso poder de cura. É dessa maneira que alimento o meu subconsciente. Eu me identifico o tempo todo com Deus, e é assim que penso e me sinto interiormente: 'Obrigado, Pai.' Faço isso cem ou mil vezes por dia, se for necessário."

Em três meses, o jovem ficou curado da doença no sangue. Essa é a maravilha do verdadeiro diálogo, quando o diálogo interior é o mesmo que aconteceria se você já tivesse recebido a resposta à sua oração. *Acredita que o tens agora e o receberás.* Por meio da prece, da repetição e da meditação, ele conseguiu levar a sua mente subconsciente a concordar com o seu desejo; em seguida, o poder criativo de Deus respondeu em concordância. *A tua fé te curou.*

Uma mulher de sessenta e sete anos me relatou todos os motivos pelos quais não poderia se casar; posteriormente, ela começou a praticar em silêncio o diálogo interior correto da seguinte maneira: "Eu lhe agradeço, Pai, pelo meu companheiro perfeito, ideal e divino." Ela repetiu essa frase para si mesma muitas vezes por dia; passado algum tempo, esse conceito foi registrado no subconsciente e ela conheceu um farmacêutico aposentado com quem se casou. Os dois são verdadeiramente felizes. O discurso interior dessa mulher era idêntico ao seu objetivo. Ela falava interiormente como se o que desejava já tivesse ocorrido, o que era verdade, já que tinha acontecido no único lugar onde poderia acontecer, ou seja, na sua mente.

Eis um exemplo do diálogo interior feito da forma errada: certa mulher, membro da nossa organização, estava tentando vender uma casa havia três anos. Ela decretava: "Entrego esta bela casa para a mente infinita. Sei que ela é vendida na ordem divina para a pessoa certa com o preço correto. Agradeço agora que tudo esteja resolvido." Essa era a sua oração, e não há nada errado com ela, mas a mulher constantemente a neutralizava ao dizer em silêncio para si mesma: "As coisas estão devagar, o preço está alto demais, as pessoas não têm dinheiro. O que há de errado comigo? Por que não consigo vender a casa?" É fácil perceber que ela estava tornando sua oração sem efeito.

O homem é aquilo que pensa no coração. O diálogo interior da mulher era muito negativo, e era assim que ela realmente se sentia com relação ao assunto, de modo que esse estado mental se manifestou durante três anos. Ela então reverteu o procedimento: todas as noites e todas as manhãs fechava os olhos durante cinco ou seis minutos e imaginava este autor parabenizando-a pela venda. Durante o dia, o diálogo interior era o seguinte: "Agradeço pela venda da minha casa; o comprador está prosperando e é abençoado por causa dessa compra." A repetição da frase foi registrada na sua mente subconsciente, que fez com que a transação se manifestasse. Uma semana depois, um homem que se sentou ao lado dela na igreja comprou a casa e ficou muito satisfeito. A mulher compreendeu que é impossível avançar em duas direções ao mesmo tempo.

Que as palavras da minha boca e a meditação do meu coração sejam aceitáveis para ti, Senhor, minha rocha e meu redentor. — Salmos 19:14

MUDE O SENTIMENTO DO "EU"

Se você disser "eu" para tudo o que pensa, sente, diz ou imagina, não poderá transformar a sua vida emocional. Lembre-se de que todos os tipos de pensamento podem penetrar na sua mente e todos os tipos de emoções podem penetrar no seu coração. Se você disser "eu" para todos os pensamentos negativos, vai estar se identificando com eles. Você pode se recusar a vincular o "eu" a emoções e pensamentos negativos.

Você criou naturalmente o hábito de evitar os locais lamacentos quando caminha na rua; do mesmo modo, deve evitar andar nos caminhos lamacentos da mente nos quais espreitam e se deslocam o medo, o ressentimento, a hostilidade e a má vontade. Recuse-se a prestar atenção aos comentários negati-

O poder da oração para transformar sua vida | 65

vos. Não toque nas disposições de ânimo negativas nem deixe que elas o toquem. Pratique a separação interior buscando um novo sentimento a respeito de si mesmo e do que você realmente é. Comece a compreender que o verdadeiro "eu" em você é o espírito infinito, o ser infinito. Passe a se identificar com as qualidades e atributos desse Ser infinito e toda a sua vida será transformada.

O segredo da transformação da sua natureza emocional negativa repousa na prática da auto-observação. Observar, e especificamente *observar a si mesmo*, são duas coisas diferentes. Quando você diz "eu observo", está querendo dizer que presta atenção às coisas externas. Na auto-observação, a atenção é dirigida para dentro.

Uma pessoa pode passar a vida inteira estudando o átomo, as estrelas, o corpo e o mundo exterior dos fenômenos. Esse conhecimento não é capaz de produzir uma mudança interior, a mudança de atitude.

É preciso aprender a diferenciar, discernir e separar o joio do trigo. Você pratica a arte da auto-observação quando começa a se perguntar: "Essa ideia é verdadeira? Ela vai me abençoar, curar e inspirar? Vai me trazer paz de espírito e contribuir para o bem-estar geral da humanidade?"

Você vive em dois mundos, o exterior e o interior; no entanto, eles são um só. Um é visível e o outro invisível (objetivo e subjetivo). O seu mundo exterior penetra através dos seus cinco sentidos e é compartilhado por todos. O seu mundo interior de pensamentos, sentimentos, sensações, crenças e reações é invisível e pertence apenas a você.

Pergunte a si mesmo: "Em que mundo eu vivo? Vivo apenas no mundo revelado pelos meus cinco sentidos ou no mundo interior?" É no mundo interior que você vive o tempo todo, e é lá que você sente e sofre.

Suponha que você tenha sido convidado para um banquete. Tudo o que você vê, ouve, saboreia, cheira e toca pertence ao mundo exterior. Tudo o que você pensa, sente e despreza pertence ao mundo interior. Você comparece a dois banquetes, registrados de maneiras diferentes: um é externo e o outro é interno. É no mundo interior do pensamento, sentimento e emoção que você tem altos e baixos, indecisões, incertezas e hesitações.

Para se transformar, você precisa começar a mudar o mundo interior por meio da purificação das emoções e da ordenação correta da mente com o pensamento correto. Se você quer crescer espiritualmente, precisa se transformar.

Transformação significa mudança de uma coisa em outra. Existem inúmeras transformações da matéria muito conhecidas. O açúcar, por meio do processo da destilação, se transforma em álcool, o rádio se converte lentamente em chumbo etc. O alimento que você come é progressivamente transformado em todas as substâncias necessárias para a sua existência.

As experiências que você vivencia como impressões precisam ser analogamente transformadas. Quando você vê, por exemplo, uma pessoa que aprecia e admira, recebe impressões a respeito dela; quando encontra alguém de quem não gosta, também recebe impressões.

O poder da oração para transformar sua vida | *67*

O seu marido e a sua filha que estão sentados no sofá enquanto você lê estas linhas são para você o que você concebe que eles sejam. Em outras palavras, as impressões são recebidas pela sua mente. Se você fosse surdo, não ouviria as vozes deles. Você pode mudar as suas impressões sobre as pessoas. Transformar a sua impressão significa transformar a si mesmo. Para mudar a sua vida, modifique a maneira como você reage a ela. Você percebeu que reage de maneira estereotipada? Se as suas reações são negativas, assim é a sua vida. Nunca permita que a sua vida consista em uma série de reações negativas às impressões que você recebe a cada dia.

Para realmente observar a si mesmo, você precisa garantir que, não importa o que aconteça, os seus pensamentos estejam fixos na grande verdade envolvida na pergunta: "Como é isso em Deus e no céu?" Essa postura vai elevá-lo e transformar todas as suas emoções e pensamentos negativos. Você pode ter a tendência a dizer que outras pessoas são culpadas pela sua negatividade por causa da maneira como falam ou agem, mas, se o que elas dizem ou fazem exerce um efeito negativo em você, isso significa que você está interiormente perturbado; você vive, se desloca e está completamente envolvido nesse estado negativo.

Você não pode se permitir ser negativo, porque esse estado mental esgota a sua vitalidade, elimina seu entusiasmo e o deixa física e mentalmente doente. Você vive no local onde está agora ou nos seus pensamentos, sentimentos, emoções, esperanças e desespero? Não é o que você sente a respeito do seu ambiente que é real para você agora? Quando diz: "Eu me chamo João da Silva", o que você está querendo dizer? Não é verdade que você é produto do seu pensamento, somado aos costumes, às tradições e à influência daqueles que o cercavam enquanto você crescia? De fato, você é a soma das suas convicções e opiniões, mais o que extraiu da sua educação, condicionamento ambiental e do sem-número de outras influências do mundo exterior que atuam sobre você e o penetram através dos seus cinco sentidos.

Talvez você esteja, agora, se comparando com outras pessoas. Você se sente inferior na presença de alguém que parece mais ilustre? Imagine que você é um excelente pianista: quando alguém elogia outro pianista, você se sente inferior? Se você tivesse o verdadeiro sentimento do "eu", isso não aconteceria, porque o verdadeiro sentimento do "eu" é o sentimento da presença do Ser infinito em você, no qual não existem comparações.

Ouspensky costumava ressaltar que as pessoas ficam facilmente perturbadas porque o sentimento do "eu" delas procedia de estados negativos de consciência. "O sentimento do 'eu'" era uma das suas expressões prediletas, e algumas das suas ideias estão incorporadas a este texto.

Recentemente, eu disse o seguinte a um homem na nossa aula de estudos bíblicos: "Você observou a sua reação típica às pessoas, às notícias de jornal e aos programas de rádio? Percebeu que o seu comportamento é repetitivo, estereotipado?"

O homem respondeu: "Não, não tinha reparado nisso." Ele se aceitava como era sem refletir, e não estava crescendo espiritualmente. Começou a pensar a respeito das suas reações quando admitiu que muitas notícias de jornal e programas de rádio o irritavam profundamente. Ele estivera reagindo automaticamente e não se disciplinava quanto a isso. Não faz diferença se todos os redatores e locutores estavam errados e apenas ele estava certo, porque a emoção negativa despertada nele era destrutiva e demonstrava falta de disciplina mental e espiritual.

Quando você diz "Eu penso o seguinte...", "Eu acho que...", Eu me ressinto de..." ou "Não gosto de...", qual "eu" está falando? Não se trata de um "eu" distinto falando em cada momento? Cada "eu" é inteiramente diferente. Um "eu" em você faz uma crítica em um determinado instante; alguns minutos depois, outro "eu" fala com ternura. Observe e entenda os seus diferentes "eus" e se sinta seguro, bem no fundo, de que determinados "eus" nunca vão dominar, controlar ou influenciar o seu pensamento.

Dê uma boa olhada nos "eus" com os quais você está se associando. Com que tipo de pessoas você se relaciona? Estou me referindo às pessoas que residem na sua mente. Lembre-se de que ela é uma cidade habitada por pensamentos, ideias, opiniões, sentimentos, sensações e convicções. Alguns dos lugares na sua mente são antros sombrios e ruas perigosas. No entanto, Jesus (o seu desejo) está sempre percorrendo as ruas da sua mente na forma do seu ideal, meta e objetivo na vida.

Um dos significados de Jesus é o seu desejo, porque este, quando realizado, é o seu salvador. As suas metas e objetivos na vida estão agora acenando para você; avance em direção a eles. Dedique atenção ao seu desejo; em outras palavras, assuma um intenso interesse por ele. Percorra na sua mente as ruas do amor, da paz, da alegria e da boa vontade e você vai encontrar pessoas maravilhosas no caminho. Vai caminhar por lugares belamente iluminados e ver cidadãos admiráveis nas melhores ruas da sua mente.

Nunca permita que a sua casa, que é a sua mente, fique cheia de criados sobre os quais você não tem controle. Quando você era jovem, sua mãe lhe ensinou a não andar com o que ela chamava de "más companhias". Agora, quando começar a despertar para os seus poderes interiores, faça questão de não andar com os "eus" (pensamentos) errados existentes em você.

Sempre que estiver prestes a ficar zangado, negativo, deprimido ou irritado, pense em Deus e no céu, e pergunte a si mesmo: "Como é isso em Deus e no céu?" *Aí* está a chave para se tornar uma nova pessoa; é assim que você renasce espiritualmente ou vivencia o que é chamado de segundo nascimento. (O *segundo nascimento* é a disciplina interior e o entendimento espiritual.)

O santo e o pecador estão dentro de todos nós, e o mesmo podemos dizer do assassino e do monge; da mesma forma, Deus e a mente mundana também estão. Todos os homens desejam fundamentalmente ser bons, expressar e fazer o bem. Esse é o "positivo" em você. Se você praticou atos destrutivos, por exemplo, se roubou, traiu e enganou outras pessoas, e todos agora o condenam e pensam mal de você, é possível se erguer da sordidez da sua mente e ascender ao lugar elevado na sua consciência onde você deixa de se condenar; todos que o acusam terão então que se calar. Quando você para de se

O poder da oração para transformar sua vida | 71

acusar, o mundo deixa de incriminá-lo, porque esse é o poder da sua consciência, é o Deus em você.

É bobagem condenar a si mesmo; você não precisa fazer isso. É inútil ter como companhia pensamentos de autoacusação. Imagine que você tenha cometido atos injustos, criminosos ou praticado outras ações desumanas. Não foi o Deus em você que fez essas coisas, nem o verdadeiro "eu" ou o Ser infinito; foi o outro eu (a mente mundana) em você. É claro que isso não o isenta da responsabilidade, do mesmo modo que você vai se queimar se puser a mão no fogo ou, se avançar um sinal vermelho, receber uma multa por ter cometido uma infração de trânsito.

O outro eu representa os diversos "eus" em você. Podemos citar como exemplo as inúmeras ideias e crenças negativas de que existem poderes fora da sua consciência, como a convicção de que as outras pessoas podem feri-lo, de que os elementos são hostis, além das superstições, do medo e de todos os tipos de ignorância. Finalmente, os preconceitos, o medo e o ódio o motivam e incitam a fazer aquilo que você normalmente não faria. A maneira ideal de modificar o sentimento do "eu" é ligar ao verdadeiro "eu" que existe em você tudo o que é nobre, maravilhoso e divino.

Comece a afirmar: "Sou forte. Sou entusiasmado. Sou feliz. Sou inspirado. Sou iluminado. Sou amoroso. Sou bom. Sou harmonioso." Sinta esses estados mentais; proclame-os e acredite neles, e você começará a viver verdadeiramente no jardim de Deus. Aquilo que você ligar ao "EU SOU" e acreditar, será real. O "EU SOU" em você é Deus, e não existe nenhum outro.

72 | Joseph Murphy

O "EU SOU" ou vida, consciência, ser puro, existência ou o seu verdadeiro eu é Deus. Ele é a única causa. Ele é o único poder capaz de criar no mundo. Reverencie-o; viva o dia inteiro com o sentimento de "EU SOU iluminado", e maravilhas acontecerão na sua vida. Sinta que você recebe inspiração do Alto e continue a viver nessa atmosfera mental, quando então vai extrair a sabedoria, a verdade e a beleza da sua mente mais profunda. Todo o seu mundo será transformado por meio da contemplação interior das verdades de Deus.

À medida que você continuar a modificar o sentimento do "Eu" como ensinado anteriormente, vai povoar e iluminar todas as áreas da sua mente com as verdades eternas de Deus: "Não temas, porque eu te redimi... Quando passares pelos rios, eles não te submergirão; quando andares através do fogo, não te queimarás" (Isaías 43:1,2). Essa é a presença de Deus que sempre segue na sua frente aonde quer que vá. A sua atitude mental ou atmosfera segue na sua frente o tempo todo, criando as experiências que você vai encontrar.

Tenha em mente que, quando você reza por uma coisa específica, é necessário qualificar a sua mente com a consciência ou *sentimento de ter ou ser essa coisa*. Sua mente rejeita por inteiro os argumentos que surgem nela contra a sua ideia; isso é a oração. Qualifique a sua consciência com o objetivo pelo qual você está rezando: pense e reflita a respeito dele com interesse. Faça isso tranquila e regularmente até chegar a uma convicção na consciência. Quando você conseguir isso, o problema vai deixar de incomodá-lo. Você vai manter o equilíbrio mental, acrescido do seguinte sentimento: "Sinto

O poder da oração para transformar sua vida | 73

agora que sou o que almejo ser." À medida que continuar a se sentir dessa maneira, você se tornará o que sente ser.

Esta é a lei: "Eu sou aquilo que sinto ser." Para praticar, mude o sentimento do "eu" todos os dias, afirmando: "eu sou espírito; eu penso, vejo, sinto e vivo como espírito, a presença de Deus." (O outro eu em você pensa, sente e age como a mente da maioria.) Ao continuar a fazer isso, você vai começar a sentir que se identifica com Deus. Assim como o sol nos céus redime a Terra da escuridão e da penumbra, a percepção da presença de Deus em você revela quem você sempre desejou ser — a pessoa alegre, radiante, tranquila, próspera e bem-sucedida cujo intelecto está iluminado pela luz que emana do alto.

Deus faz o sol brilhar sobre todos os homens em toda parte. Ninguém pode arrancar de você o brilho do amor de Deus. Ninguém pode colocá-lo na prisão do medo ou da ignorância quando você conhece a verdade de Deus que o liberta.

O sentimento de que o "EU SOU" em você é Deus lhe revelando que não há nada a temer e que você é um só com a onipotência, a onisciência e a onipresença. Ninguém pode roubar de você a saúde, a paz, a alegria ou a felicidade. Você não vive mais com os inúmeros "eus" do medo, da dúvida e da superstição; você vive agora na presença divina e na consciência da liberdade.

Pergunte a si mesmo: "Quem cuida de mim em todos os momentos e fala em nome dele, chamando-se de 'eu'?" Jamais se identifique com os sentimentos negativos, como o medo, o preconceito, o orgulho, a arrogância, a condenação etc. Você compreende agora que não precisa ir na direção dos "eus" negativos. Você nunca mais vai dizer "sim" a qualquer pensamento inútil ou negativo, nem vai lhe dar validação ou aprovação.

Torne-se o observador mantendo os olhos fixos em Deus — o verdadeiro "eu" —, o ser infinito que existe em você. Tenha o sentimento do "eu" no lado que observa e não naquilo que você está observando. Sinta que está olhando através dos olhos de Deus; por conseguinte: "Teus olhos são tão puros que não consegues enxergar o mal, e a iniquidade não podes contemplar" (Habacuque 1:13).

POR QUE ISSO ACONTECEU COMIGO?

Não vos lembreis das coisas passadas,
nem considereis as antigas.

— *Isaías 43:18*

Mas uma coisa faço, esquecendo-me das coisas que ficam
atrás, e prosseguindo em direção às que estão diante de mim,
avanço em direção ao alvo, pelo prêmio...

— *Filipenses 3:13,14*

Tudo o que o homem semear, ele também colherá. Isso significa que, se plantarmos pensamentos de paz, harmonia, saúde e prosperidade, colheremos de forma correspondente; se semearmos pensamentos de doença, privação, conflito e controvérsia, será exatamente isso o que colheremos. Precisamos nos lembrar de que a mente subconsciente é como o solo; ela desenvolve qualquer tipo de semente que é plantada no seu jardim. Semeamos pensamentos, do ponto de vista bíblico, quando acreditamos sinceramente neles e demonstramos aquilo em que acreditamos do fundo do coração.

Uma amiga minha estava internada devido a uma doença, e quando a visitei no hospital, em Londres, ela me perguntou: "Por que isso aconteceu comigo? O que eu fiz para merecer esse castigo? Por que Deus está zangado comigo? Por que ele está me punindo?" Os amigos dela que estavam presentes enfatizaram que minha amiga era generosa e profundamente espiritualizada, que ela era um pilar da igreja etc.

A bem da verdade, ela era uma excelente pessoa em vários aspectos, mas, ao mesmo tempo, acreditava na realidade da sua doença e julgava que o mal era incurável. A minha amiga acreditava ainda que o seu coração era governado por leis próprias, que independiam do que ela pensava. Essa era a sua crença, de modo que, naturalmente, o que ela estava manifestando na sua vida era compatível com essa convicção. Ela então modificou essa crença e começou a compreender que o seu corpo era espiritual, de maneira que, quando mudava de atitude, mudava o corpo. Ela começou a deixar de dar poder à doença em seus pensamentos e passou a rezar da seguinte maneira: "A presença de cura infinita está circulando através de mim na forma de harmonia, saúde, paz, completude e perfeição.

O poder da oração para transformar sua vida | 77

O amor restaurador de Deus reside em cada célula do meu corpo." A minha amiga repetiu frequentemente essa oração e teve uma cura maravilhosa depois que mudou sua convicção. Essa mulher tinha vivido vários anos com medo de ter um ataque do coração, sem saber que aquilo que mais tememos acontece.

A lei da vida é a lei da crença. Qualquer tipo de problema é o sinal de alarme da natureza de que estamos pensando da maneira errada nesse sentido, e a única coisa que pode nos libertar é mudar o nosso modo de pensar. O homem é a crença manifestada, declarou Quimby; nós demonstramos aquilo em que realmente acreditamos. A lei de causa e efeito funciona o tempo todo, e nada acontece conosco sem o nosso consentimento e participação mental. Você não precisa pensar em um acidente para que ele ocorra.

O famoso psiquiatra francês Paul Tournier escreveu sobre um homem que cortou a mão com uma serra e atribuiu a culpa do suposto acidente ao fato de a madeira que estava serrando estar muito úmida. O dr. Tournier sabia que havia uma causa mental e emocional por trás do grave corte na mão do homem. Ele descobriu que, na época, o rapaz estava muito ressentido com o seu empregador, e que, além disso, alimentava um considerável rancor e muita hostilidade por um ex-empregador que o demitira. O dr. Tournier explicou ao homem que quando ele ficava irritado e perturbado emocionalmente, seus movimentos se tornavam descoordenados e irregulares, e foi por esse motivo que o acidente aconteceu.

No décimo terceiro capítulo de Lucas, lemos o seguinte:

"Alguns que estavam presentes naquela ocasião lhe falaram dos galileus, cujo sangue Pilatos misturara com os seus sacrifícios. E, respondendo a eles, Jesus disse: Vós presumis que esses galileus foram mais pecadores do que todos os galileus, por terem sofrido tais coisas? Não, vos digo; a não ser que vos arrependeis, todos ireis igualmente perecer. E aqueles dezoito sobre os quais caiu a torre de Siloé e os matou, julgais que foram mais culpados do que todos os homens que residem em Jerusalém? Não, vos digo; a não ser que vos arrependeis, todos ireis igualmente perecer."

Jesus nega categoricamente que as vítimas dessas calamidades sejam pecadores piores que outros homens, e acrescenta: *A não ser que vos arrependeis, todos ireis igualmente perecer.* O infortúnio, os acidentes e os vários tipos de tragédias são indícios de distúrbios mentais e emocionais que se manifestam no plano físico. Arrepender-se significa pensar de uma nova maneira, voltar-se para Deus e harmonizar os nossos pensamentos e imagens mentais com a vida infinita, o amor, a verdade e a beleza de Deus, quando então nos tornamos canais para o divino.

Tranquilize sua mente várias vezes por dia e afirme lenta, tranquila e amorosamente: "Deus circula através de mim na forma de harmonia, saúde, paz, alegria, completude e perfeição. Deus caminha e fala em mim. O fascínio de Deus está sempre à minha volta. Aonde quer que eu vá, a sabedoria de Deus me governa em tudo o que faço e a ação correta divina prevalece. Todos os meus caminhos são prazerosos e todos os meus percursos são pacíficos."

O poder da oração para transformar sua vida | 79

À medida que refletir sobre essas eternas verdades, você estabelecerá padrões da ordem divina na sua mente subconsciente. Já que tudo o que você registra se manifesta, você se dará conta de que a presença abrangente, o seu Pai celestial, que responde quando você o invoca, zela por você em todos os momentos.

Todos nós estamos na mente da raça, também chamada de mente coletiva, o grande oceano psíquico da vida. A mente coletiva acredita na doença, na morte, no infortúnio, em acidentes e tragédias de todos os tipos, e se não nos arrependermos, ou seja, se não pensarmos por nós mesmos, a mente coletiva pensará por nós. Pouco a pouco, os pensamentos da mente coletiva que se insinuam em nossa consciência podem atingir um ponto de saturação e ocasionar um acidente, uma doença repentina ou uma calamidade. A maioria das pessoas não pensa; elas *pensam* que pensam. Você está pensando quando distingue entre o que é falso e o que é verdadeiro. Pensar significa escolher. Você tem a capacidade de dizer sim e não. Diga *sim* à verdade e rejeite tudo o que é diferente de Deus ou da verdade. Se o instrumento mental não pudesse escolher, você não seria um indivíduo. Você tem a capacidade de aceitar e rejeitar. *Pensai em tudo o que é agradável, tudo o que é justo, tudo o que é honesto, tudo o que é puro... pensai nessas coisas.*

Você está pensando quando sabe que existe uma inteligência infinita que responde aos seus pensamentos. Não importa qual seja o problema, quando você pensar a respeito de uma solução divina e no final feliz, vai encontrar uma sabedoria

80 | Joseph Murphy

subjetiva dentro de você que lhe responderá, revelando o plano perfeito e mostrando o caminho que você deve seguir.

Alguns meses atrás, uma mulher que se consultou comigo me informou que há anos tinha uma lesão orgânica que simplesmente não cicatrizava. Ela se submetera a todo tipo de terapia, inclusive a de raio X. Ela havia rezado e procurado, sem obter resultados, outros profissionais na área da terapia da oração. A mulher me disse o seguinte: "Deus está triste comigo. Sou uma pecadora, e por isso estou sendo punida." Ela também me contou que se consultou com um homem que a hipnotizou, leu o seu passado e teve o descaramento e a audácia de lhe dizer que ela era vítima do karma, que tinha ferido pessoas em uma vida anterior, punindo-as injustamente, e que agora estava sofrendo e colhendo o castigo que merecia. Incisivamente, ela perguntou: "Você acha que é por isso que não consigo ficar curada?"

Tudo isso é um completo contrassenso e um monstruoso absurdo. Aquela explicação aumentou a aflição e a dor da mulher e não lhe ofereceu nenhuma cura ou consolo. Expliquei a ela uma verdade milenar: existe um único poder, que se chama Deus. Ele é a inteligência criativa que existe em todos nós que nos criou. Esse poder se torna para nós aquilo que acreditamos que Ele seja. Se uma pessoa acha que Deus a está punindo e que ela deve sofrer, *as coisas são feitas conforme ela pensa e acredita. O ser humano é aquilo que pensa no coração.* Isso significa que seus pensamentos e sentimentos criam o seu destino. O homem é aquilo que ele pensa o dia inteiro; se um homem deixa de pensar de maneira construtiva, sensata

O poder da oração para transformar sua vida | 81

e criteriosa, outra pessoa ou a mente coletiva pensará por ele, podendo criar uma enorme confusão na sua vida.

Se você acredita que Deus é bondade infinita, amor irrestrito, harmonia absoluta e sabedoria ilimitada, a presença divina responderá de forma correspondente devido à lei do relacionamento recíproco, e você se verá abençoado de inúmeras maneiras. As forças da vida não são malignas; tudo depende da maneira como as usamos. Uma pessoa pode usar a eletricidade para matar outra ou para aspirar o pó do piso. Você pode usar água para saciar a sede de uma criança ou para afogá-la. O vento que lança o navio de encontro às pedras também pode conduzi-lo a um porto seguro. As diferentes maneiras pelas quais todas as coisas ou objetos no mundo são utilizados são estabelecidas pelo pensamento humano. É a mente que determina o uso das forças e objetos no mundo. O bem e o mal são movimentos na mente do homem concernentes ao único poder, que é completo, puro e perfeito. A força criativa está no homem. Não existe nenhum poder no universo manifestado a não ser que outorguemos poder às circunstâncias externas. A mulher do último exemplo estava buscando justificativas e álibis para o seu sofrimento. Ela estava procurando fora de si mesma em vez de compreender que a causa está sempre na mente subconsciente.

Pedi a ela que falasse a respeito da forma como costumava se relacionar com os homens. Ela confessou que tivera um caso amoroso ilícito cinco anos antes e que se sentia culpada e cheia de remorso. Esse remorso não resolvido era a ferida psíquica por trás da lesão orgânica. A mulher compreendeu que Deus não a estava punindo; era ela quem estava punindo a si mesma por meio dos seus pensamentos. A lesão era o pensamento solidificado que ela mesma poderia desfazer. A vida não pune, nem Deus. Se você queimar o dedo, a vida vai reduzir o inchaço, lhe dar uma nova pele e o tornar completo novamente. Se você ingerir comida estragada, a vida vai fazê-lo regurgitar e procurar torná-lo perfeito e saudável de novo. Os antigos diziam que o médico faz o curativo, mas Deus cura o ferimento.

Voltando à mulher sobre a qual falávamos, a lesão e os sintomas mórbidos que nenhum tratamento médico ou terapia de oração conseguia curar desapareceram em uma semana. Nenhum sofrimento é pior do que a consciência culpada, e certamente nenhum é mais destrutivo. Aquela mulher estivera se punindo durante cinco anos por meio do seu pensamento destrutivo; quando ela parou de se condenar e começou a afirmar que a presença de cura infinita estava saturando todo o seu ser e que Deus habitava cada célula do seu corpo, a lesão simplesmente desapareceu. Se durante cinquenta anos você estivesse usando inadequadamente o princípio da eletricidade ou da química e de repente passasse a utilizá-lo corretamente, certamente não diria que o princípio da eletricidade guardava rancor de você porque você o usara da maneira errada. Do mesmo modo, independentemente de quanto tempo você tenha passado usando a sua mente de maneira negativa e destrutiva, no instante em que começar a utilizá-la do modo correto, os bons resultados vão aparecer. "Não vos lembreis das coisas passadas, nem considereis as antigas" (Isaías 43:18).

O poder da oração para transformar sua vida | 83

Um homem que me procurou alguns meses atrás estava perdendo gradualmente a visão. Ele atribuía o problema à falta de vitaminas e a fatores hereditários, ressaltando que o seu pai tinha ficado cego aos oitenta anos. Esse homem pertencia a um estranho culto cujo líder, depois de ler o seu horóscopo, tinha declarado que os planetas estavam em uma configuração maléfica, e que essa era a causa do seu problema na visão. Hoje em dia, nos círculos psicossomáticos, é bastante conhecido o fato de que fatores psíquicos desempenham influência decisiva em todas as doenças. A miopia pode ser ocasionada pelo funcionamento da mente Tratar os fatores mentais e emocionais da pessoa em vez do olho pode revelar o fator emocional básico, o motivo pelo qual a mente subconsciente está escolhendo um distúrbio que tende a excluir tudo, exceto o ambiente imediato.

O dr. Flanders Dunbar afirma que determinadas reações emocionais podem fazer os músculos involuntários deformarem o globo ocular. Quando conversei com esse homem, ele revelou que detestava olhar para a sogra, que naquele momento morava na sua casa. Ele estava tomado por raiva reprimida, de modo que seu sistema emocional, que não conseguia suportar mais a tensão, escolheu os olhos como bode expiatório. Nesse caso, a explicação foi a cura. O homem ficou surpreso ao tomar conhecimento de que as emoções negativas, quando constantemente alimentadas, se infiltram na mente subconsciente e, por serem negativas, precisam ter um escoadouro negativo. Os comandos negativos que ele dava à mente subconsciente — "Detesto olhar para ela", "Não quero

84 | Joseph Murphy

mais vê-la na minha frente" — eram aceitos pela mente mais profunda como um pedido, ao qual ela prontamente atendia.

O homem tomou providências para que a sogra fosse morar em outro lugar e rezou por ela, liberando-a para Deus e desejando a ela todas as bênçãos do céu. A sua visão começou a melhorar quase que de imediato; em duas semanas, ele estava enxergando perfeitamente. De coração, ele sabia que havia perdoado a sogra, porque agora conseguia lidar com ela na sua mente sem sentir qualquer pontada de desconforto. Ele estivera tentando justificar o declínio da sua visão com base em possíveis causas externas e não no que ocorria na sua própria mente.

A deficiência de vitamina A pode causar oftalmia, que é a inflamação da conjuntiva ou do globo ocular; no entanto, esse distúrbio poderia ser consequência da ignorância, indiferença ou negligência da parte da pessoa. A causa, nessa hipótese, seria a estupidez ou o descuido, e este último é um estado mental ou simplesmente falta de conhecimento. A vitamina A é onipresente, e deveríamos ser suficientemente inteligentes para utilizá-la.

Você não pode contornar ou se esquivar da lei da mente. As coisas acontecem conforme você acredita, e a crença é um pensamento na mente. Nenhum poder externo ou entidade maléfica está tentando manipular ou prejudicar você. As pessoas sempre atribuem os seus problemas ao ambiente, ao tempo, à negligência médica, às entidades malignas, aos germes, aos vírus e à alimentação. O homem polui o ar com suas ideias estranhas e falsas doutrinas. Se uma pessoa acre-

O poder da oração para transformar sua vida | 85

ditar que vai ter uma gripe ou um torcicolo se ficar perto de um ventilador, essa convicção, quando aceita pela pessoa, se torna a sua senhora e a faz contrair a tal gripe. É por esse motivo que a Bíblia diz o seguinte: *Seja-vos feito segundo a vossa fé*. O ventilador não tem o poder de causar torcicolo em ninguém; ele é inofensivo. A sua fé pode ser usada de duas maneiras: você pode ter fé em um vírus invisível que o fará contrair uma gripe ou pode ter fé no espírito invisível interior, acreditando que ele circulará através de você na forma de harmonia, saúde e paz.

Compreenda que Deus não pode ficar doente, que o espírito em você é Deus e o que é verdade a respeito de Deus é verdade a seu respeito. Acredite nisso e você nunca ficará doente, porque conforme a sua fé (na saúde e na felicidade) *é feito a você*. Emerson* disse: "Ele [o homem] acha que o seu destino é estranho porque a conexão está oculta. Mas a alma contém a ocorrência que se abaterá sobre ela, porque a ocorrência é apenas a realização dos pensamentos, e aquilo pelo que rezamos é sempre concedido. A ocorrência é a impressão da forma. Ela se ajusta a você como a sua pele" (extraído do ensaio *Fate*, de Emerson).

O diabo ou demônio na Bíblia significa ignorância ou interpretação incorreta. O seu mal é uma inversão do princípio vital, que é Deus. Deus se movimenta como uma unidade e

---

* Ralph Waldo Emerson (Boston, 25 de maio de 1803 – Massachusetts, 1882) foi um famoso escritor, conferencista, filósofo e poeta, líder do movimento transcendentalista americano. (*N. da T.*)

procura Se expressar por seu intermédio como beleza, amor, alegria, paz e ordem divina. A falsa ideia na sua mente é chamada de adversário, diabo, demônio, Satã etc. Os demônios que atormentam o homem são a inimizade, a discórdia, o ódio, a vingança, a hostilidade, a autocondenação e outras emoções negativas. Se deixamos de acreditar na bondade de Deus e em um Deus de amor, a intensidade com que deixamos de acreditar pode muito bem ser o nosso suposto demônio, que é a fonte das nossas dores, dificuldades e infortúnios.

Uma mulher me escreveu dizendo que sua filha estava observando um grupo de homens que brigavam nas ruas de Nova York e uma bala perdida a atingiu; o ferimento a obrigou a amputar dois dedos da mão — e qual foi a causa disso? A vontade de Deus? O acidente ocorreu por uma punição pelos pecados da jovem? A resposta a todas as perguntas da mãe é negativa. Deus não julga nem pune; o bem e o mal são movimentos da própria mente do homem. Acreditar que Deus está nos punindo ou que um demônio está nos tentando representa um pensamento muito primitivo. O nosso estado de consciência sempre se manifesta. Os homens, as mulheres e as crianças estão demonstrando o nosso estado de consciência. Este último é sempre a causa.

Desconhecemos o conteúdo da mente dessa moça. Se ela era detestável, rancorosa ou repleta de hostilidade e autocondenação, pode ter atraído para si mesma o incidente que a vitimou. Precisamos nos lembrar de que a maioria das pessoas não disciplina nem controla os seus pensamentos e imagens mentais, sintonizando-os com canais Divinos; por conseguinte, a incompetência dessas pessoas em pensar de maneira construtiva e harmoniosa do ponto de vista do Ser infinito significa que elas deixam a mente aberta à mente irracional da maioria, que é repleta de medo, ódio, ciúme e todo tipo de acontecimento negativo.

A incompetência do homem em pensar da maneira correta é tão nociva quanto pensar de modo negativo e destrutivo. Lembro-me de um agricultor na Irlanda que passou uma semana esperando atrás de uma cerca, diariamente, com o propósito de atirar no proprietário das terras quando ele passasse por ali. Certo dia, quando caminhava em direção à cerca, o agricultor tropeçou, o rifle disparou e ele mesmo levou um tiro fatal. Na ocasião, não entendi a razão do ocorrido e, como várias outras pessoas, acreditei que tivesse sido um acidente. Não existem acidentes; existe uma mente, um estado de espírito, um sentimento por trás daquele carro, trem, bicicleta e também por trás do rifle. Aquele homem alimentara o homicídio em seu coração durante um longo tempo, e o seu subconsciente respondeu de forma compatível.

Nenhuma manifestação pode vir a Mim, a não ser que Eu, o Pai, a atraia. O Pai é o seu estado de consciência, o seu poder criativo, e nenhuma experiência pode vir a você a não ser que haja afinidade com ela na sua mente. Duas coisas diferentes repelem uma à outra. Se você caminhar e falar com Deus, acreditar que Ele o está orientando e que você é sempre governado pela lei da harmonia, não poderá estar em um trem destroçado em um acidente, porque a discórdia e a harmonia são incompatíveis. A mãe da jovem que amputou os dedos incluiu um P.S. na carta: "A minha filha não pode ter os seus dedos de volta por meio da oração." Não sei por que todos são tão determinados e categóricos ao afirmar que uma pessoa não pode desenvolver uma perna ou um dedo inexistente.

Leia a seguir uma citação da obra *He Heals Today* [Ele cura hoje], de autoria de Elsie Salmon: "Mildred tinha três anos quando foi trazida à minha presença. Ela tinha nascido sem a mão esquerda. O braço terminava em uma ponta mais ou menos do tamanho de um dedo indicador bem acima do pulso. Um mês depois, o tamanho da ponta no final do braço deformado havia duplicado e estava bem roliço, o que levou o pai a dizer, ao presenciar essa extraordinária evolução: 'Qualquer coisa pode acontecer.' No mês seguinte, uma formação semelhante a um polegar se desenvolveu; na ocasião, julgamos ser efetivamente um polegar. Cerca de três meses depois, descobrimos que não se tratava de um polegar: a formação era a mão inteira na extremidade do braço, que estava crescendo como uma flor diante dos nossos olhos."

A autora conclui dizendo que aqueles que antes estavam céticos agora aceitavam o ocorrido como um fato estabelecido. Talvez devêssemos extrair uma lição do rinoceronte. Quando arrancamos os seus chifres e removemos as raízes, esse animal desenvolve novos chifres. Se cortarmos as pernas de um caranguejo, ele desenvolve novas pernas. Se uma pessoa acreditasse que poderia desenvolver um novo dedo, perna ou qualquer órgão, ela poderia vivenciar a sua crença.

O poder da oração para transformar sua vida | 89

Vamos parar de culpar os outros e procurar interiormente a causa de tudo. Acredite em Deus, na bondade de Deus, no amor de Deus e na orientação de Deus, e você descobrirá que todos os seus caminhos serão prazerosos e todos os seus percursos serão pacíficos. Você é a crença manifestada.

COMO REZAR COM UM BARALHO

Ninguém conhece a verdadeira origem das misteriosas e fascinantes cartas de baralho. Reza uma antiga lenda que, há muitos milhares de anos, alguns sábios chineses se reuniram sob a liderança de um mestre para discutir o fato de que enormes legiões de invasores brutais estavam pilhando e saqueando sua terra. A questão a ser resolvida era a seguinte: "Como vamos impedir que a antiga sabedoria seja destruída pelos invasores?"

Foram feitas muitas sugestões: alguns achavam que os antigos pergaminhos e símbolos deveriam ser enterrados nas montanhas do Himalaia. Outros sugeriram que a sabedoria fosse depositada em mosteiros do Tibete. Outros ainda ressaltaram que os templos sagrados da Índia eram os esconderijos ideais para a preservação da sabedoria do seu Deus.

O poder da oração para transformar sua vida | *91*

O sábio principal permaneceu em silêncio durante toda a discussão; na verdade, ele pegou no sono no meio da reunião e começou a roncar ruidosamente, deixando todos desconcertados! Pouco depois, ele acordou e declarou: "O Tao [Deus] me deu a seguinte resposta: 'Vamos convocar os grandes artistas pictóricos da China — homens dotados da imaginação Divina (que é a oficina de Deus) — e informar a eles o que desejamos realizar. Vamos iniciá-los nos mistérios da verdade. Eles irão retratar ou representar em forma de imagem as grandes verdades, que serão preservadas para todos os tempos e por um sem-número de gerações que ainda estão por nascer. Quando esses homens terminarem a dramatização das grandes verdades, poderes, qualidades e atributos de Deus por meio de uma série de cartões com imagens, falaremos para o mundo a respeito de um novo jogo que foi criado. Os homens do mundo inteiro os usarão para sempre como um jogo de azar, sem saber que por meio desse estratagema simples estarão preservando o ensinamento sagrado por todas as gerações.'" Essa foi a origem do nosso baralho.

Muitos pesquisadores acreditam que as cartas tenham se originado no Egito (Egypt, em inglês), de onde deriva o nome *Gypsies* (ciganos), uma tribo nômade que viaja pelo mundo tirando a sorte e adivinhando o futuro por meio das cartas. Na realidade, não importa se elas surgiram na China, na Índia ou no Egito; a questão é que as cartas representam profundas verdades psicológicas e espirituais. É geralmente aceito que as nossas cartas, um design composto, derivam das antigas cartas do tarô, as quais, segundo se acredita, foram

92 | Joseph Murphy

concebidas por místicos hebreus para retratar simbolicamente como funcionam as leis de Deus no cosmo e no homem. Elas consistem em bastões (Paus), cálices (Copas), espadas e pentáculos (Ouros), e 22 das 78 cartas do tarô são chamadas de "trunfos". Há uma letra ou palavra hebraica associada a cada carta, e cada letra tem um significado específico definido.

Você pode entender o significado intrínseco da Bíblia se conhecer o alfabeto hebraico e a ciência do simbolismo. Os antigos diziam que, se todas as bíblias do mundo fossem destruídas, as verdades eternas e as leis da vida poderiam ser revividas por meio das imagens pictóricas e do simbolismo das cartas do tarô, do qual derivam as nossas cartas de baralho. As cartas foram inadequadamente utilizadas ao longo dos tempos com o objetivo da adivinhação, mas sem dúvida seu propósito original era transmitir profundas verdades místicas para o ser humano. A adivinhação com base em vários métodos continuou ao longo do tempo. Moisés baniu os arúspices, os adivinhos de purificação e aqueles que acreditavam em sons e vozes. Quando prestamos atenção e damos importância às profecias do mal, estamos na verdade rejeitando Deus, a causa primeira — o espírito interior.

Precisamos conceder a suprema autoridade e reconhecimento à presença de Deus que está dentro de nós e nos tornar o verdadeiro profeta, ou seja, devemos profetizar apenas o bem. O nosso estado de espírito, o nosso sentimento interior e a convicção da presença de Deus e da eterna bondade Dele se manifestarão em nosso mundo. O estado de espírito e a convicção são os nossos profetas. Aquilo que sentimos inter-

O poder da oração para transformar sua vida | 93

namente como verdadeiro, vivenciamos externamente. Se iniciarmos com Deus e compreendermos que Ele reina supremo em nossa mente, só poderá haver um resultado — o bem —, porque Deus e o bem são sinônimos. O início e o fim são sempre os mesmos. Comece com Deus como poder supremo e amor ilimitado e você sempre terá certeza do futuro. O futuro é sempre o presente consumado. É o seu pensamento que se torna visível. Você pode ter absoluta certeza do seu futuro se plantar agora, hoje, tudo quanto for verdadeiro, agradável, nobre e divino no jardim de Deus, que é a sua própria mente.

Você molda, delineia, configura e conduz o seu destino. O futuro já está na sua mente e pode ser modificado pela oração, meditação e visualização mística. Outras pessoas podem hipnotizá-lo e fazer uma lavagem cerebral em você, levando-o a acreditar em terríveis prognósticos de infortúnio e perda, mas você precisa se lembrar de que abdicou da sua autoridade e permitiu que os seus pensamentos tivessem uma tendência negativa, criando assim a coisa que você temia. "Aquilo que eu mais temia aconteceu" (Jó).

No minuto em que cria um rival de Deus na sua mente, você está procurando confusão e pedindo para ter problemas. A sua fé em Deus e no amor Dele é a sua sorte, e a partir de agora você acredita e vive na constante expectativa do melhor. O que é verdade quanto a Deus é verdade a seu respeito. É maravilhoso!

Descrição do baralho contemporâneo

Ele contém 52 cartas de jogar e duas cartas adicionais chamadas "Curingas", e vem dentro de um envoltório lacrado. É preciso romper o lacre para usar as cartas. Isso simboliza a espécie humana, pois cada homem é um livro fechado. O homem abriga Deus — ele é o tabernáculo do Deus vivo, pois o tabernáculo de Deus está com o homem. A presença de Deus está dentro do homem. Todo poder, inteligência e sabedoria do Ser infinito está situado nas profundezas do homem, esperando para ser ressuscitado. O homem precisa romper o lacre e aprender com o esplendor aprisionado internamente. Quando tomamos conhecimento dos poderes da nossa mente consciente e subconsciente, bem como da lei da ação e reação, rompemos o lacre e começamos a compreender que os pensamentos são coisas — que nós atraímos aquilo que sentimos, e que vivenciamos aquilo em que acreditamos. Se você pensa repetidamente de uma certa maneira, forma uma impressão ou conceito na área subconsciente da sua mente que se torna uma força subconsciente que governa as suas ações externas.

O homem desvelado é o espírito, a mente. Quando você pensa em si mesmo sem considerar o seu corpo, nome, nacionalidade, casa e ambiente, o que você é? Despoje-se agora do seu corpo e diga: "Eu sou espírito, eu sou mente." Você está mentalmente se despindo ou rompendo o lacre, e descobre que o reino de Deus está dentro de você.

O Curinga é a carta excedente, a que geralmente é rejeitada mas, é claro, recebe um valor maior quando é usado durante

O poder da oração para transformar sua vida | 95

um jogo. O Curinga é Deus, e ele é habitualmente rejeitado pelas pessoas, porque o ser humano típico tem um Deus fora de si mesmo — uma espécie de ser antropomórfico que mora nos céus, uma divindade punitiva e vingativa —, ou tem um conceito de Deus vago e confuso baseado na ignorância, no medo e na superstição. O ser humano típico rejeita o Curinga ou o Deus interior; ele refuta o fato de que a sua própria consciência é Deus para o seu mundo e de que Ele cria e molda o seu futuro por meio dos seus pensamentos e sentimentos.

Quando você usa o Curinga ou o poder oculto interior, isso engrandece tudo na sua vida. Comece a usar o poder divino dentro de si e engrandeça a sua saúde, paz, felicidade e alegria: esse é o significado do Curinga. Não podemos nos permitir desprezar o poder espiritual interior. Se não rezarmos, meditarmos e comungarmos com Deus, absorvendo as verdades Dele, ficaremos submersos na atmosfera negativa do mundo, que contém o medo, a guerra, os rumores da guerra, a desumanidade do homem para com o homem, os problemas nos negócios, as manchetes dos jornais etc. Se continuarmos a nos alimentar mentalmente de todo tipo de problema, doença e calamidade, esses pensamentos atingirão um ponto de saturação dentro de nós, resultando no desencadeamento de doenças e nos mais variados distúrbios na nossa vida.

Não compensa rejeitar a pedra da verdade. "A pedra que os construtores rejeitaram tornou-se a pedra angular." Coloque Deus de volta no trono na sua mente, reivindique a orientação e diretivas Dele e se sinta revigorado do ponto de vista da verdade e da beleza.

96 | Joseph Murphy

São 52 cartas, número cujos algarismos somados formam o numeral 7. O ano tem 52 semanas, o que representa o fim de um ciclo solar. O ciclo também tem lugar na nossa mente. Quando você tem uma ideia, alimenta-a mentalmente e fica absorvido na realidade dela, essa ideia passa da mente consciente para o subconsciente e o ciclo se completa, porque você gravou no subconsciente o seu conceito, ideia, plano ou propósito. O que quer que seja registrado no subconsciente será expresso e o seu ciclo será concluído. A impregnação da mente subconsciente é chamada de "sexto dia", ou seja, o seu ato mental e emocional é completado. Ele é seguido por um descanso, chamado de "sétimo dia", ou o dia de repouso em Deus. Existe sempre um intervalo de tempo entre a impregnação do subconsciente e a manifestação externa da sua oração. Esse período é chamado de Shabat, ou convicção interior, que se segue à alegria da prece atendida. O Dia do Shabat é explicado mais detalhadamente no meu livro *Peace within Yourself* [Paz dentro de você].

O baralho consiste em quatro naipes: Paus, Copas, Espadas e Ouros, que simbolizam a natureza espiritual, mental, emocional e física do homem. Os quatro naipes também representam as quatro letras do nome de Jeová, que são Yod-He-Vau-He. "Yod" significa "eu sou", ou "Deus, o Espírito interior"; "He" é o seu desejo ou imagem mental "Vau" significa prego, ou sentimento; e o "He" final é a manifestação externa do que você viu e sentiu interiormente como verdadeiro na sua mente. Em linguagem simples, cotidiana,

O poder da oração para transformar sua vida | 97

isso significa que, seja qual for a ideia, conceito ou imagem mental que esteja contemplada na sua mente, se você senti-la e reconhecê-la, vivenciará o resultado, seja ele negativo ou positivo.

Os quatro naipes estão ensinando você a rezar, pois é assim que você atrai todas as experiências, condições e eventos para a sua vida. É a maneira como todas as coisas se manifestam no seu mundo, e não há nada que você vivencie que não aconteça dessa maneira.

As 13 cartas de cada naipe

Três cartas em cada naipe contêm figuras, a saber o Rei, a Dama (também chamada de Rainha) e o Valete, e dez são numéricas, indo do Ás (ou um) ao dez. O Rei, a Rainha e o Valete dizem respeito à trindade — o Pai, a Mãe e o Filho —, que é representada simbolicamente em todas as grandes religiões do mundo. Falando de forma fácil, a ideia ou pensamento que você tem é o Pai, o sentimento é a Mãe e a união dos dois gera um evento ou um Filho mental, que pode ser a cura da mente, do corpo, das finanças ou de um problema nos negócios. A resposta simples, bem como a oração simples, é sempre a melhor.

Outra explicação para a carta do Rei é que você nasceu para ser um Rei que reina sobre a sua mente, corpo e circunstâncias. A mente consciente iluminada é o Rei, porque dá ordens, dirige e emite instruções para a Rainha, a natureza do sentimento subconsciente ou subjetiva. O Valete representa o seu desejo, ideia ou o plano purificado que ainda não se manifestou.

É preciso que haja, portanto, uma união sincrônica da mente consciente e subconsciente com o seu desejo; se ambos estiverem de acordo, esse desejo será realizado e nada será impossível para você.

Existem dez cartas numéricas. Vou explicar resumidamente o numeral 10: o 1 representa o masculino e o 0, o feminino. A união dos dois resulta no ato criativo, mental e espiritualmente falando, bem como fisicamente. As dez cartas numéricas representam a interação harmoniosa das mentes consciente e subconsciente ao longo das quatro fases da vida — espiritual, mental, emocional e material. As virtudes do dez são numericamente infinitas. O numeral 10 significa Deus em uma diferenciação infinita, porque podemos adicionar incontáveis zeros ao numeral 1.

As cartas com figuras

Nessas cartas, a metade de cima é igual à debaixo, o que indica a nossa natureza dual; vivemos em um mundo mental e espiritual e também em um mundo objetivo ou tridimensional. Quando o mundo exterior nos desagrada, podemos ir para a esfera da mente, rezar e nos identificar com o nosso ideal, alimentando-o, e por meio da frequente ocupação da mente nós o promoveremos. Em seguida, o exterior e o interior se unificam e nós ficamos em paz. Mudamos o exterior modificando o interior. O externo é sempre um reflexo do interno. "Como é dentro, assim é fora." Toda moeda tem duas faces, tudo tem um interior e um exterior. A vida é uma unidade funcionando como dualidade; temos a noite e o dia, a maré alta e a maré baixa, o masculino e o feminino, o quente e o frio, a paz e a dor, a saúde e a doença, o objetivo e o subjetivo, o visível e o invisível, o positivo e o negativo, a matéria e o espírito, o bem e o mal. Os opostos são expressões duais do mesmo princípio eterno, que é eternamente completo e perfeito em si mesmo.

O adorno de cabeça

Os reis têm barba, o que simboliza sabedoria e o poder de Deus. A coroa caracteriza a autoridade e a regência do espírito que está no comando na mente do homem. O Rei de Ouros, com a mão erguida, indica a sua lealdade a Deus — o único poder —, e atrás dele há um machado, sugerindo que a lei do subconsciente é sempre exata, matemática e justa. "Colhemos o que semeamos." O machado também indica a reação negativa da lei se violarmos a lei da harmonia ou da ordem divina na nossa vida. Se você pensar no mal, o mal se seguirá; se pensar no bem, o bem se seguirá — essa é a lei. O Rei de Copas com a espada na mão indica a espada da verdade. "Não julgueis que vim trazer paz à terra; não vim trazer a paz, mas uma espada." (Mateus 10:34)

100 | Joseph Murphy

A verdade entra na sua mente para dividi-la e separar os detritos das verdades de Deus. A verdade o separa das antigas falsas crenças da raça humana, provocando uma rixa interior, resolvendo desse modo todas as diferenças e estabelecendo a paz no coração. O Rei de Copas perfurou seu coração (a mente subconsciente) com as verdades eternas. As três espadas empunhadas respectivamente pelo Rei de Paus, Rei de Espadas e Rei de Copas têm bainhas que fazem alusão a você segurar a tocha da verdade em todas as fases da sua vida — a mental, a emocional e a física.

O naipe de Paus representa os seus pensamentos e ideias, o de Copas, o seu sentimento ou natureza emocional, o de Espadas, a sua profunda convicção, onde você escava ou implanta ideias no seu subconsciente; Ouros representa o mundo, a objetivação externa das suas crenças, pensamentos e sentimentos. Em outras palavras, a história da oração lhe é entregue de muitas maneiras em um baralho. Se você examinar as quatro Damas nas suas cartas, notará que elas seguram uma flor, o símbolo da pureza, do amor, da beleza, da ordem, da simetria e da proporção. O coração é o cálice do amor e da beleza de Deus, e serve para nos lembrar de que devemos encher o coração com o amor de Deus, e as flores da beleza, da paz, da alegria e da felicidade aparecerão na Terra — o nosso mundo.

A Dama de Espadas (o sentimento dominante no seu subconsciente) segura uma tocha na mão. Essa é a luz que ilumina cada pessoa que vem ao mundo. Ela serve para fazê-lo lembrar que a inteligência infinita de Deus está nas

O poder da oração para transformar sua vida | *101*

suas profundezas subconscientes e que, guiado por essa luz, você pode caminhar através da escuridão. Quando as evidências dos seus sentidos lhe dizem que algo é impossível, você enxerga com a ajuda de uma luz interior; os seus olhos estão voltados para a solução que a sabedoria divina trará para você enquanto você mantém elevada a sua fé em Deus. Deixe que essa tocha seja uma vela que brilha eternamente sobre a sua cabeça.

O Valete de Espadas segura uma ampulheta, indicando que estamos nos deslocando através do tempo e do espaço neste plano tridimensional, e que qualquer ideia que você tenha transmitido para o subconsciente se manifestará do jeito e no tempo dele, porque é impossível descobrir os meios que ele usa. Os expedientes do subconsciente não são os seus expedientes, e você não sabe a hora ou o dia em que a ideia se realizará — esse é o segredo do seu eu subconsciente. A pena que o Valete de Copas segura e o machado atrás de sua cabeça falam simbolicamente sobre a lei e o mundo — a pena é o seu conceito ou ideia, e a lei a executa. Certifique-se de que o seu plano é compatível com o bem de todos e não prejudica ninguém. Quando estiver em dificuldade, pense em Deus e na resposta Dele. Ele sabe a resposta — esse é o "peso da pena" que o salva.

Os mantos e vestes usados pelas figuras são belos, elegantes e coloridos — eles indicam as sete cores do espectro solar. O branco é a pureza, a completude e a perfeição de Deus. O branco é chamado de mãe de todas as cores. As cores nas cartas nos falam da presença imaculada e impecável que existe em nós. O

102 | Joseph Murphy

vermelho indica o desejo purificado e a divindade. O escarlate representa o entusiasmo e o inebriamento divino. O roxo denota a realeza ou a sabedoria de Deus reinando suprema na nossa mente. O verde simboliza a abundância de Deus e as ideias e pensamentos frutíferos. O azul indica a área subconsciente da nossa mente ou a lei de Deus. O amarelo denota o poder, a força e a glória do Ser infinito.

O número de cartas em cada naipe

Há 13 cartas em cada naipe para nos fazer lembrar dos nossos 12 poderes, 12 faculdades. Você mais os seus 12 poderes são simbolizados pelo numero 13. Cabe a todos nós desenvolver e disciplinar esses poderes, para que surja na Terra um homem divino que destapará os ouvidos dos surdos, abrirá os olhos dos cegos e fará todas as coisas que um filho de Deus deveria fazer.

Temos 40 cartas numéricas. Noé ficou 40 dias na arca, Jesus jejuou durante 40 dias — todas essas histórias simbolizam o jejum do banquete envenenado dos pensamentos coletivos e dos falsos conceitos, bem como a nossa absorção mental no bem que buscamos promover. O tempo que você leva para se desligar do seu problema e chegar a uma convicção na sua mente é chamado de quarentena, ou a conclusão de um ciclo de consciência. Faça jejum de pensamentos de pobreza e se alimente da abundância de Deus — rejeite a aparência das

O poder da oração para transformar sua vida | 103

coisas, o veredito ou a opinião dos outros, e dedique toda a atenção à ideia da opulência de Deus. Gradualmente, você qualificará a sua consciência, quer isso leve uma hora, uma semana ou um mês. Você terá jejuado por 40 dias e vivenciará a riqueza de Deus no seu mundo.

Os bastões que os Valetes de Paus e de Ouros seguram indicam uma vara de medida ou o cúbito. *Homem* significa mente ou medidor. Você deve medir e capturar na sua mente a bondade infinita e o amor de Deus, porque o seu conceito de Deus é o seu conceito de si mesmo. Proteja a sua ideia, ame--a e faça-a viver; você terá então um padrão espiritual com o qual poderá medir todas as coisas.

Quero mencionar a folha suspensa no Valete de Paus. Paus diz respeito às ideias, planos e propósitos na sua mente, o esquema, o diagrama ou projeto. Repare que o Valete de Paus se curva para a frente. Isso representa humildade, concedendo toda a glória e homenagens a Deus. A nossa atitude deveria ser a seguinte: "Pai, eu te agradeço porque me ouviste; e eu sabia que sempre me ouves." (João 11:41,42)

É geralmente aceito que o valor numérico, as quantidades matemáticas, as cores e o simbolismo das cartas de baralho têm uma conexão muito estreita com a Grande Pirâmide. Os antigos místicos que conceberam essas cartas há milhares de anos tinham total conhecimento da rotação da Terra sobre o seu eixo e eram capazes de medir os céus e a Terra, e tudo isso é retratado nas cartas e na grande pirâmide. Homens como Jó percebiam intuitivamente as leis escritas no nosso coração e gravadas na parte mais íntima do nosso ser. "Onde estavas tu quando lancei os alicerces do mundo? Diz-me, se tens conhecimento. Quem definiu as suas medidas, se tu o sabes? Ou quem estendeu sobre ele a linha de medir? O que sustenta os seus alicerces ou quem assentou a sua pedra angular?" (Jó 38: 4-6).

ESCREVA UM NOVO NOME NO LIVRO DA VIDA

O livro da vida é a sua mente subconsciente. Você está sempre escrevendo nesse livro com base no seu modo habitual de pensar e imaginar. Shakespeare disse: "O que é um nome?" Bem, quando menciono o seu nome, ele indica o seu gênero específico, a nacionalidade, formação, educação, estrutura financeira, posição social, as suas origens e tudo o mais que diz respeito a você.

Shakespeare escreveu muitas peças. *Romeu e Julieta*, por exemplo, é um drama das mentes consciente e subconsciente. Quando ambas trabalham juntas com harmonia, paz e alegria, os filhos dessa união são a felicidade, a paz, a saúde. a abundância e a segurança. O relacionamento desarmonioso das mentes consciente e subconsciente causa angústia, sofrimento, dor e doenças nas nossas vidas.

Abrão deixou Ur na Caldeia. Ur significa feitiçaria, magia negra, culto das estrelas, de ídolos e coisas desse tipo. Abrão mudou o seu nome para Abraão, que significa o pai da multidão, indicando um único Deus, a única presença e poder.

Somos todos filhos do único Deus. Essa é a unidade de toda a vida. Todos os homens e mulheres são irmãos — a mesma mente, o mesmo espírito e a mesma substância. Por conseguinte, magoar outra pessoa significa magoar a si mesmo, e abençoar outra pessoa representa abençoar a si mesmo.

Você pode escrever um novo nome, uma nova avaliação, um novo projeto de si mesmo. Crie um novo conceito de si mesmo. Ele é grande, nobre ou magnífico o bastante para redimi-lo, para ocasionar uma transformação interior no seu coração, na sua mente e em todo o seu ser? Hoje em dia, as pessoas têm muitos ídolos, assim como tinham na Caldeia há milhares de anos. A superstição é desenfreada. Elas ainda têm falsos deuses, como "Essa mudança de tempo vai me fazer ficar gripado" ou "Se eu ficar com os pés molhados vou pegar pneumonia". Algumas pessoas têm medo de se expor aos micróbios, de modo que, quando alguém espirra perto delas, acham que poderão contrair o vírus. Se você pergunta à pessoa que foi exposta: "Você pegou o vírus este ano?", a resposta é: "Ainda não." Mas ela espera ser infectada. Você sempre obtém o que espera.

Alguns dizem: "Não conheço o político certo. Não tenho pistolão. Não tenho a menor possibilidade de conseguir aquele

O poder da oração para transformar sua vida | *107*

emprego." Eles estão negando o poder criativo existente em si mesmos. Eles dizem que Ele é onipotente e supremo, mas certas pessoas o rejeitam o tempo todo. Se Ele é supremo e onipotente, não existe nada que possa confrontá-Lo ou desafiá-Lo. Então, você deve declarar o seguinte: "O espírito infinito abre a porta para mim, revelando meus talentos ocultos e me mostrando o caminho que devo seguir." É exatamente isso que o espírito infinito fará por você.

Alguns políticos falam e batem na madeira quando conversam sobre algo negativo, como se a madeira tivesse algum poder. Você concede poder a outras pessoas? Ao ambiente? Às condições atmosféricas? Todas essas coisas são impotentes. Não têm nenhum poder. O poder reside em você.

O nome de Saul foi alterado para Paulo. Paulo significa "pequeno Cristo", e muitos milagres foram feitos pelas suas mãos. Ele foi iluminado na estrada para Damasco, que significa saco de sangue, ou renascimento. Isso significa uma iluminação mística na qual a sua mente, ou intelecto, é inundada pela luz de Deus, sendo você uma pessoa transformada. Às vezes isso acontece em um piscar de olhos, como foi vivenciado por Santa Teresa e muitos outros.

Paulo se tornou um homem modificado. Ele não era mais o assassino que enviava pessoas para a morte. Ele foi transformado. Foi iluminado a partir do Alto. Você pode ir à justiça e mudar de nome todos os anos se quiser, mas isso não significa nada. É completamente irrelevante. Você precisa mudar a sua natureza, o seu caráter, o seu ponto de vista, o conceito que tem de si mesmo. É preciso que haja uma transformação interior. Depois disso, é claro, você terá mudado o seu nome ou a sua natureza.

Há algum tempo, fui procurado por um homem cético e rabugento que era agressivo com a secretária e com o vendedor de sua equipe. Quando alguém dava "bom-dia" ao entrar em sua sala, ele retrucava: "Não estou vendo nada de bom hoje." Quando se sentava à mesa para tomar o café da manhã, segurava o jornal diante do rosto para não olhar para a esposa. Sempre criticava os ovos com bacon que ela fazia. Ele era realmente rabugento, detestável e desagradável.

Esse homem foi se consultar com um psicólogo, e ouviu o seguinte: "Vou lhe dizer o que você deve fazer. Você pode mudar toda a sua natureza. Quando se sentar à mesa de manhã para tomar café, beije a sua mulher, diga que ela está linda e que a comida está deliciosa; ela provavelmente vai ficar feliz da vida." O homem comentou: "Bem, se eu fizer isso, estarei sendo hipócrita." O psicólogo disse: "Não faz mal. Vá em frente. Faça isso de qualquer jeito. Quebre o gelo no seu coração. Quando chegar ao escritório, diga à sua secretária que os olhos ou o cabelo dela são bonitos — deve haver alguma coisa adorável a respeito dela. E seja simpático, educado e amável com o vendedor."

Depois de passar um mês praticando essas coisas, elas gradualmente penetraram na mente subconsciente daquele homem e ele se transformou, tornando-se uma pessoa simpática, amável, agradável e positiva. As pessoas perguntavam: "O que aconteceu com esse cara?" Outras comentavam: "Ele

O poder da oração para transformar sua vida | 109

está apaixonado." Bem, acho que ele estava — apaixonado pelo eu superior.

"O que me guiou até aqui tornará acessível o resto do caminho." Essa é uma verdade magnífica. Um professor do Alabama me escreveu e eu transmiti a ele essa verdade simples. Ele disse que o imóvel que estava construindo estava 75% terminado, mas agora havia uma greve. Ele não tinha mais dinheiro; o que ia fazer? "O que me guiou até aqui tornará acessível o resto do caminho."

Ele disse: "Essa frase está incorreta. Você deveria dizer: '*Quem* me guiou tornará acessível o resto do caminho.' E eu retruquei: "Ela não está incorreta. Eu realmente quis dizer 'o que' e não 'quem'." Não foi um lapso. Foi deliberado, porque estou lidando com um princípio, uma presença impessoal, que não discrimina indivíduos, um poder e uma presença universal disponíveis para todos os homens. O assassino, o mendigo, o ladrão, o monge, o ateu ou o agnóstico — qualquer um pode recorrer a eles. Qualquer pessoa pode utilizá-los.

Deus não é uma pessoa; Ele é um poder e uma presença impessoal — uma vida infinita e uma inteligência infinita. O homem do Alabama tinha o conceito de um homem-Deus situado em algum lugar do céu. No entanto, ele passou a praticar o que lhe ensinei, e como resultado, conseguiu atrair os recursos financeiros necessários para terminar o prédio.

Essa presença universal cria a partir de si mesma, tornando-se essa coisa particular. Em outras palavras, Deus se torna homem acreditando que ele é um homem. Deus cria a partir

110 | Joseph Murphy

de si mesmo um ser capaz de restituir a glória, a luz e o amor para si mesmo. Abraão conhecia o poder criativo. Ele estava consciente Dele e o demonstrava na sua vida. Acreditava que o espírito o guiaria e orientaria, o que, é claro, ele fez.

Platão, Aristóteles, Plotino e muitos outros se referiam a Deus como infinito...

... Mente infinita e inteligência infinita, mas não explicavam como usar a presença e o poder para orientação, harmonia, prosperidade e sucesso ou o que deveríamos fazer para curar a nós mesmos por meio deles. Era uma conclusão intelectual satisfatória e muito interessante. Mas eles não nos ensinavam a usá-los na prática cotidiana.

Se você acreditar que é um verme da terra, as pessoas pisarão em você e o tratarão como você trata a si mesmo. Se você for cruel e desagradável consigo mesmo, o mundo será cruel e desagradável com você. Como é dentro, assim é fora. Compreenda que você é filho ou filha do Deus vivo. Você é herdeiro de todas as riquezas de Deus. Entenda que deve exaltar o Deus que vive em você e tem o poder de curar. Como você poderia se sentir inferior se soubesse que é filho do infinito, que é precioso para Deus e que Deus o ama e se importa com você? Deus é o princípio vital, ou o espírito vivo que existe em você, que o criou e zela por você quando está dormindo, porque Ele que zela por você não descansa nem dorme.

O poder da oração para transformar sua vida | 111

Muitas pessoas trabalham arduamente e mesmo assim não têm sucesso na vida. Isso acontece porque elas têm um padrão subconsciente de fracasso ou acreditam que devem fracassar. Às vezes elas acham que alguém colocou mau-olhado nelas. Elas se sentem inferiores. Talvez tenham ouvido o seguinte quando eram pequenas: "Você nunca vai dar em nada. Sempre será um fracasso. Você é lerda. Você é burra." Esses pensamentos foram aceitos pela mente impressionável dessas pessoas e agora têm vida própria na mente subconsciente e se manifestam na experiência delas.

No entanto, todos podem mudar sua própria vida. Esses impulsos subconscientes ou irracionais atuam muito tempo depois de os eventos que os causaram terem sido esquecidos. Podemos alimentar a mente subconsciente com algo novo. Podemos dizer: "Eu nasci para ser bem-sucedido; o infinito é incapaz de falhar." Podemos alimentar o subconsciente com padrões revigorantes como: "A lei e a ordem divinas governam a minha vida; a paz divina preenche a minha alma. O amor divino satura a minha mente; a ação correta divina reina suprema; a inteligência infinita guia e orienta todos os meus caminhos — ela é uma lâmpada para os meus pés e uma luz no meu caminho."

As emoções que o dominam quando você está zangado, desconfiado ou com medo são negativas e destrutivas. Elas gritam na mente subconsciente e levam você a fazer a coisa errada e dizer o que não deve. Quando quer ficar alegre, você fica triste; quando quer fazer a coisa certa, faz a coisa errada. Isso é sempre verdadeiro quando você está sob o domínio

112 | *Joseph Murphy*

de emoções negativas e destrutivas, porque o que quer que você faça nesses momentos será errado.

Você pode então escrever um novo nome no livro da vida. Esse livro, como já explicamos, é a lei do seu subconsciente. A Bíblia diz: "Vi na mão direita daquele que estava assentado no trono um livro escrito por dentro e por fora, lacrado com sete selos. Vi um anjo poderoso proclamar em voz alta: Quem é digno de romper os selos e abrir o livro? Mas ninguém, nem no céu, nem na terra, nem debaixo da terra foi capaz de abrir o livro, ou sequer de olhar para ele. Chorei muito, porque não se encontrou ninguém que fosse considerado digno de abrir e ler o livro, ou sequer de olhar para ele." (Apocalipse 5:1-4)

O livro escrito por dentro e por fora é a sua mente objetiva e a sua mente subjetiva. Você tem uma mente consciente e uma mente subconsciente. Quaisquer que sejam os pensamentos, crenças, opiniões, teorias ou dogmas que você escreva, grave ou imprima na mente subconsciente, você vivencia como manifestações objetivas — são as circunstâncias, condições e eventos. O que escrevemos do lado de dentro vivenciamos do lado de fora. Temos dois lados na vida: o objetivo e o subjetivo, o visível e o invisível, o pensamento e a manifestação dele.

Os sete selos são os sete estados de consciência. O nosso conceito passa através de sete graus de percepção, de acordo com os quais espiritualizamos os nossos cinco sentidos, voltando-nos interiormente para o poder espiritual. É quando levamos as nossas mentes consciente e subconsciente a se sincronizar e concordar uma com a outra. Quando não

O poder da oração para transformar sua vida | 113

existe mais nenhuma dúvida em nenhuma das duas, a oração é sempre atendida. Você rompe os sete selos quando disciplina os cinco sentidos e induz as duas fases da sua mente a chegar a um entendimento.

Os selos são em número de sete. O primeiro é a visão, que envolve enxergar a verdade a respeito de qualquer situação. Veja a saúde perfeita onde está a doença; veja harmonia onde há discórdia; amor onde existe ódio. Quando faz isso, você está enxergando a verdade e disciplinando a faculdade da visão.

O segundo selo é a audição. Você ouve as boas novas, as verdades de Deus. Você escuta a sua mãe dizer aquilo que você anseia ouvir, ou seja, que o milagre de Deus aconteceu, que ela está curada. Em outras palavras, você não a vê doente na cama do hospital. Você ouve o oposto. Você a escuta dizer que está gozando de perfeita saúde. É quando você está ouvindo a verdade.

O terceiro selo é o olfato. Você sente o cheiro da verdade tomando uma decisão clara e precisa, compreendendo que Deus que criou o seu corpo também pode curá-lo. Você rejeita todos os outros "alimentos" como inadequados para o consumo mental. O cachorro fareja a comida; se ela for intragável, ele a rejeita. Do mesmo modo, você deve rejeitar todos os pensamentos, ideias e opiniões que não preencham a sua alma com alegria.

O quarto é o paladar. Você degusta o sabor doce de Deus. Você saboreia a verdade acolhendo as ideias ou verdades de Deus na sua mente, meditando e ocupando com frequência

114 | *Joseph Murphy*

a mente com ideias relacionadas com o desenlace perfeito que você deseja.

O quinto selo é a alegria de tocar mental e emocionalmente a oração atendida enquanto sente a realidade dela.

Os dois selos remanescentes são a mente consciente e a mente subconsciente. Quando você consegue disciplinar os cinco sentidos, o princípio masculino e o feminino na sua mente começam a interagir harmoniosamente. Um casamento divino é celebrado entre o seu desejo e a sua emoção, e uma criança nasce dessa união, que é a alegria da oração atendida.

Esse é o livro da vida do qual as pessoas estão falando. Se alguém fotografasse a sua mente subconsciente, veria os seus pensamentos futuros, passados e atuais. O futuro consiste nos seus pensamentos atuais consumados. Banqueteie-se com tudo o que for verdadeiro, belo, nobre e divino. Alimente esses pensamentos com convicção. Os velhos pensamentos se dissiparão. Desaparecerão. Serão destruídos, eliminados da sua mente profunda, porque o inferior é subordinado ao superior.

Pense sempre no que é agradável e respeitável. Obtenha novas ideias e pensamentos relacionados com princípios e as verdades eternas. Lembre-se de que a mente subconsciente não aceita os seus desejos, esperanças ou sonhos ociosos. Ela aceita as suas convicções, aquilo em que você realmente acredita do fundo do coração.

Em que você acredita? Você acredita na bondade de Deus na terra dos vivos, na orientação de Deus, na harmonia de Deus, no amor de Deus e na abundância de Deus? Se a sua

O poder da oração para transformar sua vida | 115

resposta for sim, todas essas coisas se realizarão, porque acreditar quer dizer viver no estado daquilo que acreditamos. Significa aceitar algo como verdadeiro.

Examine a sua herança espiritual. Somos todos filhos do EU SOU, como afirma Moisés. A verdadeira natureza ou o verdadeiro nome está dentro de você, porque você o está pronunciando o dia inteiro. EU SOU. Ele é chamado de Om na Índia. A Bíblia diz o seguinte: EU SOU O QUE SOU (Êxodo 3:14). Moisés disse: EU SOU me enviou a vós (Êxodo 3:14).

Compreenda que EU SOU o envia para aquilo que você vai enfrentar amanhã, para uma tarefa difícil, para que você a resolva e domine. Quando o engenheiro se vê diante de um problema premente, ele entende que EU SOU o enviou para resolver o problema. O engenheiro ataca corajosamente a dificuldade e vislumbra a solução.

Somos todos filhos do EU SOU (Deus). Você se torna aquilo que associa a EU SOU (ou a um termo com sentido semelhante). Sou desprezível, sou um desastre, sou um fracasso, estou ficando surdo, estou ficando cego, não sou ninguém — você se torna qualquer coisa que associe a ele. Reverta a sua declaração e diga: "Sou feliz, alegre e livre. Sou iluminado; sou inspirado; sou forte; sou poderoso. 'Que o fraco diga: eu sou forte.' Que a viúva diga: 'está tudo bem.' Sou filho [ou filha] do Deus Vivo. Sou herdeiro das riquezas de Deus. Nasci para vencer, para ser bem-sucedido, pois o infinito não pode fracassar. Sou absolutamente incrível. Sou único; não existe ninguém no mundo igual a mim."

Por que você não afirma o que acaba de ler, escreve essas verdades no seu coração e as registra na parte mais íntima do seu ser? "Aquele que tem ouvidos ouça o que o espírito diz às igrejas. Ao vencedor darei eu a comer do maná escondido. Também lhe darei uma pedra branca com um novo nome nela inscrito, conhecido apenas por aquele que o recebe" (Apocalipse 2:17).

O maná é um símbolo do pão do Céu. "Eu sou o pão vivo que desceu do Céu" (João 6:51). É o pão da paz, da harmonia; é o pão abençoado de Deus. Coma o pão da inspiração e da orientação, porque ninguém pode viver hoje no mundo sem alimento espiritual. Você pode se sentar para jantar e comer os alimentos mais requintados, e mesmo assim sentir fome de paz, harmonia, amor, inspiração e orientação.

O maná é um símbolo de inspiração, força, poder e sabedoria. Ele o alimentará no deserto da solidão e da infelicidade, porque o maior deserto do mundo não é o Saara; ele está debaixo do chapéu do ser humano. Quase nada cresce ali além das ervas daninhas da ignorância, do medo e da superstição. Buda perguntou a Deus qual era a causa de toda a angústia, sofrimento, crimes e doenças no mundo. "A ignorância" foi a resposta que recebeu, porque ela é o único pecado, e toda punição é a consequência.

Invoque esse poder e presença. Ele responderá a você. Ele estará ao seu lado nos momentos de dificuldade. Ele o posicionará no Alto, porque você conhece o nome ou a natureza Dele. A natureza da inteligência infinita é responder a você. Volte-se para dentro, para a fonte da vida, e sinta-se

O poder da oração para transformar sua vida | *117*

renovado do ponto de vista da verdade. É aí que você pode ser revigorado. "Vinde às águas, e também ele que não tem dinheiro; vinde, comprai e comei! Sim, vinde, comprai vinho e leite sem dinheiro e sem nada a pagar" (Isaías 55:1). O preço é o reconhecimento, a aceitação e a convicção. O preço é honrar a Deus e acreditar Nele. Esse é o único preço que você paga.

Se você não honrar a Deus e não O reconhecer, é como se a presença não estivesse lá. Você pode comer do pão da paz, da alegria, da fé e da confiança no único poder que existe. Não tenha confiança e fé em credos, dogmas e tradições. Acredite que o que quer que você registre no subconsciente será expresso como forma, função, experiência e evento. Você estará então aprendendo a se conhecer um pouco melhor.

Um novo nome equivale a uma nova disposição, uma nova perspectiva, um novo discernimento. Você pode afirmar: "Deus me ama e se importa comigo. Sou iluminado a partir do Alto." Você pode declarar a ação correta. Você pode proclamar: "A sabedoria de Deus consagra o meu intelecto. Estou escrevendo isto agora com a minha caneta consciente na minha mente subconsciente. O que quer que eu inscreva na mente subconsciente se torna eficaz e funcional."

Você está aqui para resolver problemas. Você tem problemas e desafios porque que está aqui para descobrir a sua divindade e aguçar ferramentas mentais e espirituais que de outra forma jamais descobriria.

Sim, a vida tem falhas e insucessos! É por isso que, na escola, o seu lápis tinha uma borracha na ponta. Todo mundo

118 | Joseph Murphy

sabia que você ia cometer erros. No entanto, foi por meio dos erros que você aprendeu a somar, subtrair e a fazer um sem-número de outras coisas.

Você precisa ter uma base para pensar de maneira construtiva. Quando você sabe que os pensamentos são coisas, que você atrai aquilo que sente e se torna aquilo que imagina, começa a pensar de forma construtiva porque percebe o seguinte: "O meu pensamento é criativo — não por ser o meu pensamento, mas porque ele é um pensamento."

"Nada que não seja o triunfo dos princípios pode lhe conferir paz", escreveu Emerson. Quimby declarou que a criança é como uma pequena tábula rasa, e os tios, as tias, o sacerdote e todas as outras pessoas se aproximam e rabiscam alguma coisa nela. É fácil fazer isso, porque a mente infantil é naturalmente impressionável, maleável e aberta à ignorância, ao medo e a todas as crenças, opiniões, credos, dogmas e superstições dos pais. A criança cresce à imagem e semelhança do ambiente mental, emocional e espiritual dominante na casa onde mora.

Quem está rabiscando hoje na sua mente? A sua sogra, o seu sogro ou algum outro parente seu por afinidade? Eles o perturbam? Alguém lhe diz que você vai fracassar? Ou você rejeita tudo isso e retruca: "Você não sabe o que está falando. Não posso fracassar. Como poderia? O Infinito está dentro de mim. Nasci para vencer. Sou um sucesso na minha vida de orações, no meu relacionamento com as pessoas e no trabalho que escolhi." No momento em que você afirmar essas palavras, o poder lhe responderá.

O poder da oração para transformar sua vida | 119

Como o infinito poderia falhar? Onde está o infinito? Dentro de você. E você nasceu para vencer, conquistar, triunfar. Você está aqui para avançar de glória em glória, e de oitava em oitava, pois a glória que é o ser humano não tem fim.

O colunista está escrevendo alguma coisa na sua mente? Ou você está escrevendo as verdades de Deus, que são as mesmas ontem, hoje e sempre? O que você está escrevendo na sua mente todos os dias? Algumas pessoas registram pesar, desespero, desesperança, solidão etc. Inscreva a convicção de que você é digno, adequado, repleto de fé e confiança no único Poder que existe, que você sabe que é inspirado a partir do Alto e acredita implicitamente que Deus o está guiando em tudo o que você faz, é uma lâmpada para os seus pés e uma luz no seu caminho.

A sua mente subconsciente, que é o livro da vida, receberá essas impressões, pontos de vista, opiniões e convicções porque você é sincero e eles realmente representam as suas ideias. Ela tornará realidade o que quer que você pense, sinta e acredite ser verdade — seja bom ou seja mau.

Inscreva na sua mente harmonia, saúde, completude, beleza, paz, perfeição e ação correta. São princípios. Você não cria essas verdades, mas as ativa e torna eficazes e funcionais quando as afirma. Desperte os dons de Deus dentro de você.

Qualquer coisa que o encha de fé, confiança, alegria e entusiasmo tem poder sobre você e governa a sua conduta. O entusiasmo governa todas as suas atividades, porque ele significa "possuído por Deus". Você sempre vai mais longe quando está possuído pelo ser único — o belo e o benigno.

Você é um ser mental e espiritual, porque, quando diz EU SOU, está anunciando a presença do Deus vivo. Você sempre viveu. Você estará vivo daqui a um bilhão de anos, porque a vida nunca nasceu e nunca morrerá; a água não a encharca, o fogo não a incendeia e o vento não a sopra para longe. Você está vivo, e essa vida é a vida de Deus. Deus é vida; por conseguinte, você sempre viveu.

Você é a mesma pessoa que era há cinco anos? Há dez anos? Há vinte e cinco anos? Não, não é. Você é a mesma pessoa que era quando tinha três meses ou um ano de idade? Você teve centenas de reencarnações depois que nasceu. A reencarnação é o espírito se manifestando em níveis mais elevados. Portanto, você era diferente aos cinco anos de idade, aos dez, aos vinte e aos trinta. Se eu lhe mostrasse fotos de cada mês da sua vida, você dificilmente se reconheceria em algumas delas.

Você não é o mesmo que era há seis meses. Você tem um novo conceito de Deus, da vida, do universo — uma nova avaliação, um novo projeto, um novo discernimento. Você não fala do mesmo jeito e tampouco anda ou pensa da mesma maneira. A sua vida está avançando de glória em glória. Quando vai para a dimensão seguinte, você ainda avança de oitava em oitava. Você não pode ser menos amanhã do que é hoje, porque a vida não retrocede nem se demora no passado.

Escreva: "Eu avanço de glória em glória e de oitava em oitava." Escreva essas verdades na sua vida, porque você

O poder da oração para transformar sua vida | 121

está vivo e está sempre implantando algo novo na sua mente mais profunda.

Recebo cartas de muitas pessoas, algumas das quais dizem: "Você será lançado em um lago de fogo porque está dizendo no seu programa de rádio que cada homem é o seu próprio salvador, que Deus mora nele e resolve os problemas dele. Você também diz que cada homem responde às suas próprias orações. Algum dia você vai arder no lago de fogo por toda a eternidade por dizer essas coisas." Em seguida elas citam a Bíblia e dizem: "Porque Deus amou tanto o mundo que deu o Seu filho unigênito, para que todo aquele que nele crer não pereça, mas tenha a vida eterna." (João 3:16)

Tudo isso se baseia na falta de entendimento. Todo mundo é o filho unigênito. Somos todos filhos unigênitos do ser único. Só existe um. O Seu filho unigênito, espiritualmente falando, é o Seu desejo. Se você está doente, a saúde é a sua salvação. Você tem o desejo de ficar saudável. A realização do seu desejo é o seu salvador. Se você está perdido na floresta, a orientação é o seu salvador. Se está na prisão, a liberdade é o seu salvador. Se está morrendo de sede, a água é o seu salvador. Portanto, toda pessoa capaz de entrar em contato com a presença de Deus é, naturalmente, o seu próprio salvador.

É óbvio que o lago de fogo mencionado na Bíblia não é literal. A Bíblia é um livro espiritual. Ela está falando em linguagem espiritual, mental, alegórica, figurada, idiomática e mística. Se você visitar a ala psiquiátrica de um hospital ou de qualquer instituição mental, encontrará pessoas que estão ardendo no lago de fogo. O lago, naturalmente, é a mente subconsciente desses indivíduos. O fogo significa que elas estão fervilhando de ciúme, inveja, ódio, ressentimento, hostilidade e raiva. Estão consumindo os seus tecidos e o seu coração com essas emoções negativas.

A pessoa psicótica é atormentada, não é mesmo? Está exaltada com a sua própria angústia. Alguns ficam exaltados com o seu próprio ódio, ressentimento, hostilidade etc. É claro que eles estão vivendo em um lago de fogo criado por si mesmos, porque cada pessoa cria o seu próprio inferno e o seu próprio céu. Omar* disse:

*Enviei a minha Alma através do Invisível,
para que ela escrevesse uma carta da vida além da vida:
Mas ela logo voltou para mim;
E respondeu: "Eu mesma sou o Céu e o Inferno."*

A raiva, a depressão, o medo e o mau presságio são o fogo interior. O médico lhe diz que essas emoções provocam úlcera, pressão alta, câncer e artrite. O ódio causará artrite se você o mantiver ativo, promovendo mudanças, ocasionando o desenvolvimento de depósitos calcários nos seus tecidos e debilitando-o terrivelmente. Às vezes, a inveja (e também o ciúme) levará a pessoa à loucura. Ela é chamada de o monstro de olhos verdes e é o maior de todos os venenos mentais.

Por conseguinte, semeie para si mesmo tesouros no céu, que ladrões não podem invadir para roubar e onde a traça e

---

* O autor está se referindo a Omar Khayyam. (*N. da T.*)

O *poder da oração para transformar sua vida* | *123*

a ferrugem nada destroem. Semeie para si mesmo harmonia, saúde, paz e beleza. Escreva no seu coração as verdades de Deus. O que você vai escrever? "Escreva... tudo o que for verdadeiro, tudo o que for nobre, tudo o que for justo, tudo o que for puro, tudo o que for agradável e tudo o que for respeitável. Caso haja alguma virtude, caso haja algo louvável, pensai nessas coisas agora e para sempre." (Filipenses 4:8)

O CÂNTICO
DO TRIUNFO

Dize-me, ó tu, a quem ama a minha alma, onde alimentas o teu rebanho, onde o levas a repousar ao meio-dia?

Como és formosa, amada minha, como és formosa! Os teus olhos são como olhos de pomba.

Ele me levou ao salão de banquetes, e o seu estandarte sobre mim era o amor.

A sua mão esquerda está debaixo da minha cabeça, e a sua mão direita me abraça.

O meu amado falou e me disse: Levanta-te, amada minha, formosa minha, e vem comigo.

Eis que o inverno passou, a chuva cessou e se foi.

As flores aparecem na terra, chegou o tempo de cantarem as aves, e ouve-se a voz da rola na nossa terra.

Levanta-te, amada minha, formosa minha, e vem comigo.

O meu amado é meu, e eu sou dele; ele se alimenta entre os lírios.

Até que rompa o dia e fujam as sombras.

— Cântico dos Cânticos

É inconcebível que qualquer antologia pudesse ser escrita sem incluir O cântico dos cânticos, porque essa é realmente uma das partes mais inspiradas da Bíblia. O cântico dos cânticos revela Deus como amor Universal. É um trecho arrebatador e emocionante.

A fim de levar uma vida triunfante, você precisa ser impulsionado pelo amor. A alegria de ser inebriado pelo espírito pode quase enlouquecê-lo. Em outras palavras, ao cantar o cântico dos cânticos, você é inebriado por Deus e arrebatado pelo entusiasmo divino, expressando desse modo, cada vez mais, o amor divino todos os dias.

Você entoa o cântico de Deus, ou o estado de espírito do triunfo, quando sente subjetivamente que é aquilo que os seus cinco sentidos lhe dizem que você não é; em seguida, você é inebriado por Deus e tomado por um frenesi divino — uma espécie de alegria enlouquecida.

Você já não viu em algum momento uma pessoa transbordando de entusiasmo e aparentemente inebriada de alegria? Essa pessoa estava entoando o cântico de Deus nesse momento. "Há alegria plena na Tua presença e prazer eterno à Tua direita." (Salmos 16:11)

Quando entoa um cântico, você está expressando toda a sua natureza. A sua mente e o seu corpo se juntam ao cântico. Quando o seu coração está repleto de amor e boa vontade, você irradia paz, está verdadeiramente cantando o cântico de Deus, que é o cântico da alma radiante.

O verdadeiro você é um ser espiritual, eterno e perfeito. Você é a expressão viva de Deus agora. "Eu disse: Sois deuses, sois todos filhos do Altíssimo." (Salmos 82:6)

Quando você reza, está tendo um romance com Deus ou o seu bem. O seu desejo, quando realizado, lhe traz paz e alegria. A fim de satisfazer o desejo do seu coração, que é descrito no cântico dos cânticos como o seu amado, você precisa cortejá-lo; deixe que esse seu desejo o cative, o retenha e o emocione. Deixe que ele inflame a sua imaginação. Você sempre avançará na direção do desejo que domina a sua mente.

A maioria daqueles que estudam a ciência divina sabem que o cântico dos cânticos é uma bela descrição da união harmoniosa da mente consciente com a mente subconsciente (Salomão e Sabá).

"Dize-me, ó tu, a quem ama a minha alma, onde alimentas o teu rebanho." O seu desejo realizado é ele que é amado pela sua alma. É perguntado a você "onde alimentas". Em outras palavras, em que você está se concentrando mentalmente? O *rebanho* representa os seus pensamentos, ideias, opiniões e convicções. Você deve se banquetear apenas com a alegria da oração atendida.

O poder da oração para transformar sua vida | **127**

Se você está dizendo a si mesmo: "Não consigo. É tarde demais. Estou velho demais e não conheço as pessoas certas" — em outras palavras, se você está alimentando a sua mente com todos os motivos pelos quais não pode fazer ou ser o que deseja ser —, você não está fazendo "o teu rebanho repousar ao meio-dia".

Ao *meio-dia*, o sol não lança nenhuma sombra; do mesmo modo, quando reza, você não deve permitir que qualquer sombra de medo ou dúvida cruze o seu caminho ou o desvie do seu objetivo ou propósito na vida. O mundo da confusão será rejeitado e você participará mentalmente da realidade do seu desejo ou meditará a respeito dela.

"Como és formosa, amada minha, como és formosa! Os teus olhos são como olhos de pomba." A *pomba* é um símbolo da paz interior de Deus.

Conversei certa vez com um alcoólatra, que me disse o seguinte: "Por favor, não fale nada a respeito desses assuntos de Deus. Não quero Deus. O que eu quero é ficar curado." Esse homem estava profundamente ressentido com sua ex-mulher que tinha se casado novamente; além disso, guardava muito rancor de várias outras pessoas. Ele precisava dos olhos de *pomba,* o que significa que necessitava enxergar a verdade que lhe concederia paz de espírito.

Eu lhe perguntei: "Vamos rezar juntos agora? Tudo o que estou pedindo é que você seja sincero. Se conseguir ser sincero vai vivenciar uma paz interior que ultrapassa toda a compreensão humana."

Ele então relaxou o corpo e eu lhe disse: "Imagine que você está falando com a presença invisível dentro de você — o poder onipotente que criou o cosmo. Ela pode fazer todas as coisas. Diga: 'Obrigado, obrigado por esta paz interior.' Repita várias vezes essa frase."

Depois de passar dez minutos em meditação silenciosa, o homem foi ofuscado por uma luz interior que parecia vir do chão, perto de onde ele estava. Toda a sala foi invadida pela luz!

Ele exclamou: "Tudo o que vejo é luz! O que está acontecendo?" Em seguida, o homem relaxou e adormeceu no meu escritório, e o seu rosto parecia iluminado. Ele acordou mais ou menos quinze minutos depois, sentindo-se completamente em paz, e declarou: "Deus realmente existe! Deus existe!" Esse homem encontrara a sua amada, ou seja, a percepção de identidade com Deus e com todas as coisas boas.

Quando for dormir hoje à noite, diga ao seu desejo que ele é encantador e que você se sentiria incrivelmente feliz se ele fosse realizado. Comece a se apaixonar pelo seu ideal. Elogie-o e o enalteça. Desperte, meu amor! Sinta que você é o que deseja ser. Vá dormir com a consciência de ser ou fazer aquilo pelo que anseia.

Eu disse certa vez a um homem em uma das ilhas que eu estava visitando que fosse dormir com a ideia do sucesso na cabeça. Ele vendia assinaturas de uma revista e passou a ser muito bem-sucedido seguindo o seguinte método: sugeri que ele pensasse no sucesso antes de dormir, ou seja, no que o sucesso significava para ele, no que ele faria se fosse bem-

O poder da oração para transformar sua vida | *129*

-sucedido. Eu lhe orientei a usar a imaginação e, em seguida, quando estivesse prestes a pegar no sono, que se apaixonasse pela ideia do sucesso, repetindo a palavra "sucesso" várias vezes. Ele deveria mergulhar na atmosfera do sucesso e em seguida se entregar ao sono nos braços da sua eterna amada, ou seja, a sua presença divina, que tornaria realidade o que quer que ele aceitasse como verdadeiro. As condições, experiências e eventos da sua vida são chamados de filhos da sua mente.

"Ele me levou ao salão de banquetes, e o seu estandarte sobre mim era o amor." O *salão de banquetes* é a sua própria mente, onde você entretém a ideia ou desejo do seu coração.

Vou ilustrar neste ponto como entreter alguém nesse *salão de banquetes* da sua mente. Uma jovem com um talento especial para cantar estava tendo muita dificuldade em conseguir trabalho no cinema, na televisão ou no rádio. Ela havia sido rejeitada tantas vezes que estava receosa de estar desenvolvendo um complexo de rejeição. No entanto, ela me ouvia repetir incessantemente em nossos programas de rádio que o que quer que a mente de uma pessoa consiga imaginar e sentir ser verdade ela consegue realizar. A jovem escreveu essa ideia, compareceu a uma das nossas aulas e iniciou a prática de entrar no *salão de banquetes* aquietando o funcionamento da mente e relaxando o corpo; ela fez isso simplesmente falando com o seu corpo e lhe dizendo para relaxar; ele tem que obedecer a você. Nesse estado tranquilo e relaxado, com a atenção completamente concentrada em um contrato de cinema imaginário que tinha nas mãos, a jovem sentiu a realidade e o deslumbramento do que tinha acontecido. Ela estava agora no *salão de banquetes,* e o *estandarte* sobre ela era *amor.* O *amor* é uma ligação emocional. Era visível a ligação mental da jovem com esse contrato... "e chama as coisas que não existem como se já existissem" (Romanos 4:17). O mundo visível surge do invisível. A jovem fez o contrato se tornar uma realidade ligando-se emocionalmente à imagem imaginária de um contrato no seu *salão de banquetes* mental. Ela sabia que o que imaginava e acreditava precisava necessariamente se tornar realidade no mundo tridimensional.

"A sua mão esquerda está debaixo da minha cabeça e a sua mão direita me abraça." A *mão esquerda* é o sentimento, profundo, subjetivo; a *mão direita* é a imaginação disciplinada. Quando você começa a imaginar e sentir a realidade do seu desejo, está unindo a mão direita à esquerda em um abraço divino, quando então tem lugar a união da ideia com o sentimento. Outra maneira de dizer isso: ocorre um acordo entre a mente consciente e a mente subconsciente que denota a oração atendida.

Você sabe que, quando não existe mais nenhuma controvérsia ou dúvida na sua mente consciente ou inconsciente, a oração é atendida, porque as duas concordaram com relação a ela, e assim é feito.

"O meu amado falou e me disse: Levanta-te, amada minha, formosa minha, e vem comigo." Não é isso o que o seu objetivo, propósito, ambição ou desejo está dizendo para você? Por exemplo, a ideia da saúde perfeita está agora acenando para você e dizendo: "Levante-se e dispense a crença na doença, na limitação e na dor, e avance em direção à saúde, à harmonia e à paz de espírito."

O poder da oração para transformar sua vida | *131*

Conversei longamente com um homem na Inglaterra que tinha um problema na perna. Ele havia passado nove meses confinado em casa e não conseguia se apoiar na perna ou andar. A primeira coisa que fiz foi perguntar o que ele faria se ficasse curado. Ele respondeu: "Eu voltaria a jogar polo, nadar, jogar golfe e escalar os Alpes, como fazia todos os anos." Essa era a resposta que eu queria ouvir.

Eu lhe ensinei, de uma maneira bem simples, a readquirir o uso perfeito das suas pernas. A primeira providência dele seria imaginar que estava efetivamente fazendo o que gostaria de fazer. Pintei para ele uma cena imaginária. Durante quinze ou vinte minutos, três vezes por dia, ele passou a se sentar no seu escritório e imaginar que estava jogando polo, assumindo a disposição de ânimo mental de estar efetivamente desempenhando o papel de um jogador de polo. Ele se tornou o ator, e o ator participa do papel.

Observe com atenção que ele não via a si mesmo jogando polo, porque isso seria uma ilusão. Ele *sentia* que estava jogando polo. Ele concretizava o evento vivendo o drama na sua mente ou no *salão de banquetes*.

Ao meio-dia ele tranquilizava a mente, sossegava o corpo e sentia que estava vestindo os seus trajes de alpinismo. Sentia e imaginava que estava escalando os Alpes, tinha a sensação do ar frio no rosto e ouvia a voz dos antigos companheiros. Ele vivia o drama e sentia a naturalidade e a solidez das rochas.

À noite, quando ia dormir, antes de se entregar aos braços da sua amada — o seu eu mais profundo —, o homem jogava uma partida de golfe. Segurava o taco, tocava a bola com a mão, colocava-a no lugar e começava a jogar. Ele balançava os tacos e se encantava observando a direção que a bola tomava. Quando tinha a sensação de que estava realmente no campo de golfe jogando uma boa partida, ele relaxava e se entregava a um sono profundo e saudável, sentindo-se muito feliz e satisfeito com a sua experiência.

Em dois meses, a perna desse homem ficou curada e ele passou a fazer todas as coisas que imaginara que faria. A *ideia* de escalar os Alpes, aliada ao *desejo* de voltar a jogar polo, significava para esse homem *"Levanta-te, amada minha, formosa minha, e vem comigo"*, afaste-se da sua crença em uma incapacidade física. E foi o que ele fez.

A lei do subconsciente é uma lei de compulsão. Quando você sente subjetivamente que está nadando — quando sente, por exemplo, a água fria e a naturalidade das suas braçadas nos diferentes tipos de nado —, mais cedo ou mais tarde se verá compelido a nadar. Independentemente da incapacidade, seja ela o medo ou um problema físico, você fará o que subjetivamente sentiu que estava fazendo.

O seu desejo, sonho, ambição, meta ou propósito é o seu salvador! Ele está percorrendo o corredor da sua mente e dizendo: "Levanta-te amada, minha, e vem comigo", para desfrutar das coisas boas e gloriosas da vida.

Não importa qual seja o problema ou a magnitude dele, você na verdade só tem que se convencer da verdade que está afirmando. Tão logo consiga se convencer da realidade do seu desejo, os resultados virão automaticamente. A sua mente

O poder da oração para transformar sua vida | *133*

subconsciente reproduzirá fielmente aquilo com o que você a impregnou.

A Bíblia diz: *Escolhei hoje a quem ireis servir* (Josué 24:15). Você tem a liberdade de escolher a atitude, o sentimento ou o estado de espírito que vai adotar. A manifestação do seu sentimento ou convicção é o segredo da sua amada ou mente subconsciente. Por conseguinte, as suas ações externas são determinadas pelas suas crenças e impressões subconscientes.

Os pensamentos e sentimentos determinam o seu destino. O conhecimento da verdade está dizendo agora: "Eis que o inverno passou, a chuva cessou e se foi." O *inverno* representa o estado frio quando as sementes estão congeladas no seio da terra e nada está crescendo. O inverno e todas as estações estão na sua mente.

Os seus desejos, sonhos, visões e propósitos na vida estão congelados dentro de você por causa do medo, da preocupação ou de falsas crenças? Você pode ressuscitá-los agora voltando as costas para as aparências, entrando no *salão de banquetes* de Deus que está dentro de você e dizendo a si mesmo: "Posso ser o que quero ser. Tudo o que tenho a fazer é inculcar na mente subconsciente o meu desejo de saúde, riqueza, companheirismo ou lugar verdadeiro, e ela tornará realidade o estado que introduzi nela."

O *inverno* já passou para você, e a *chuva* também acabou. A sua mente pode ter estado inundada por pensamentos negativos que causaram o estado de espírito do desalento, da depressão e da melancolia. Esta é a consequência de uma enxurrada ou avalanche de pensamentos negativos, falsas crenças e opiniões

134 | Joseph Murphy

errôneas. Agora, você sabe que tudo o que tem a fazer é preencher a mente com as verdades de Deus que lhe foram trazidas de tempos imemoriais. Ao fazer isso, você removerá da sua mente tudo o que não condiz com essas verdades.

O inverno e as inundações acabam quando você preenche a sua mente de maneira regular e sistemática com os conceitos de paz, felicidade, amor e boa vontade. Você pode fazer isso lendo o Salmo 23 ou o 91, entre outros, sentindo a verdade de tudo o que disser; ou você pode ler em voz alta uma boa meditação sobre as genuínas verdades de Deus. (Consulte, por exemplo, as obras deste autor *Special Meditations for Health, Wealth, Love, and Expression* [Meditações especiais para saúde, prosperidade, amor e expressão] e *Quiet Moments with God* [Momentos silenciosos com Deus].) Quando você fizer isso, essas verdades entrarão pelos seus olhos e ouvidos, liberando uma extraordinária vibração terapêutica que percorrerá sua mente e corpo. Essas vibrações curativas, restauradoras e reconfortantes destroem, neutralizam e aniquilam todos os pensamentos negativos, assustadores e nocivos que causaram todos os problemas da sua vida; a materialização desses pensamentos precisa desaparecer. É isso que constitui a oração; pratique-a com bastante frequência até que se torne um hábito. A prece deve ser um hábito.

Faça tudo do ponto de vista do único Deus e do amor Dele. Por exemplo, quando fizer compras, reze antes de adquirir qualquer coisa. Repita: "Deus me orienta em todas as minhas compras." Diga em silêncio para o vendedor ou a vendedora: "Deus o/a faz prosperar."

O poder da oração para transformar sua vida | 135

Independentemente do que fizer, faça com amor e boa vontade. Estenda amor, paz e boa vontade para todos. Afirme com frequência que o amor de Deus e a beleza transcendente fluem através de todos os seus pensamentos, palavras e ações Faça disso um hábito. Preencha a mente com as verdades eternas e você verá que "As flores aparecem na terra, chegou o tempo de cantarem as aves, e ouve-se a voz da rola na nossa terra"! Você começa a *florir*; sim, você começará a florescer.

A *terra* significa o seu corpo, o ambiente, a vida social e todas as coisas necessárias neste plano objetivo.

As *flores* que você presencia representarão o nascimento de Deus na sua mente. As *flores* da orientação de Deus zelarão por você e o conduzirão a verdes pastos e águas tranquilas. As *flores* do amor de Deus preencherão o seu coração. Agora, em vez de enxergar a discórdia em toda parte, você verá o amor de Deus operando em toda a sua criação; ao percebê-lo, você verá o amor aparecer e florescer na outra pessoa.

Quando você entrar na casa de alguém e presenciar confusão, brigas e conflito, reconhecerá dentro de si mesmo que a paz de Deus reina suprema na mente e no coração de todos nessa casa; você verá a flor da paz se manifestar e se expressar.

Quando vislumbrar privação e limitação financeira, você conceberá a infinita abundância e riqueza de Deus eternamente transbordando, preenchendo todos os espaços vazios e deixando um excedente divino. Ao fazer isso, você viverá no jardim de Deus, onde crescem apenas orquídeas e flores semelhantes de grande beleza, porque somente as ideias de Deus circulam na sua mente.

136 | Joseph Murphy

Ao se deitar para dormir todas as noites, você se cobrirá com a indumentária do amor, da paz e da alegria. A partir de agora, você sempre irá dormir sentindo que é agora o que deseja ser. O último conceito que você afirmar antes de pegar no sono será gravado na sua mente mais profunda, e você o reviverá. Leve sempre para o *salão de banquetes* da sua amada (a mente subconsciente) um conceito nobre e divino de si mesmo; a sua amada (a mente subconsciente) sempre lhe entregará aquilo que você concebe e acredita ser verdadeiro. Qualquer coisa que você consiga conceber você pode alcançar. O amor gera todas as coisas. Os seus amanhãs são determinados pelo seu conceito de si mesmo quando você adormece nos braços do seu amado (o seu ideal).

O tempo de cantarem as aves está próximo quando você para de cantar o velho canto da privação. Você certamente já ouviu pessoas cantando esse tipo de música; é como um velho disco de vitrola: "Estou tão sozinho. As coisas nunca deram certo para mim. Nunca tive a menor chance. Sempre me trataram com crueldade." "Já passei por três cirurgias." "Você não faz ideia de quanto dinheiro eu perdi." Isso mesmo, e depois elas falam sobre o medo na estrada solitária, do que gostam, do que não gostam, dos seus aborrecimentos e do que odeiam. Imbuído do amor de Deus, você nunca mais cantará essa música. Você entoará o novo canto, porque as ideias e verdades de Deus (*as aves*) cantarão em você.

Você falará então em um novo idioma, o que quer dizer que a sua disposição de ânimo será de paz, alegria, boa vontade e amor. Você não mais reagirá às pessoas e condições como

O poder da oração para transformar sua vida | **137**

fazia anteriormente. O cântico de Deus é agora ouvido. Agora, quando alguém lhe disser alguma coisa rude ou desagradável, você a transformará imediatamente por compreender que a paz de Deus preenche a sua alma. Você a destruirá com a chama dos pensamentos corretos; os pássaros verdadeiramente cantarão na sua mente e coração quando você fizer isso. Você é feliz, está transbordando de entusiasmo e antevê com alegre expectativa somente coisas boas. Você leva consigo a paz aonde quer que vá, e todos os que entram na sua esfera de influência são abençoados pelo seu brilho interior. Você começa a reconhecer sermões nas pedras, vozes nas árvores, música nos riachos e Deus em todas as coisas. *A voz da rolinha* é agora ouvida na sua terra!

Tennyson disse: "Fala com Ele, porque Ele ouve, e o espírito pode se encontrar com o espírito; Ele está mais perto do que o alento e mais próximo do que as mãos e os pés."

A voz da rolinha é a voz da paz, a voz da intuição e da orientação interior de Deus. Você pode ouvi-la se escutar com humildade. Quando eu era criança, por exemplo, me perdi na floresta com alguns amigos. Eu me sentei debaixo de uma árvore e me lembrei de uma oração que começa com "Nosso pai, Ele nos mostrará o caminho; se ficarmos em silêncio, Ele nos orientará." Repeti silenciosamente: "Pai, mostre-nos o caminho."

Fui coberto por uma onda de paz que até hoje consigo relembrar. *A voz da rolinha* se tornou realidade. *A rolinha* representa a intuição, que significa aprender a partir de dentro. Um sentimento esmagador me disse que eu deveria prosseguir em determinada direção, como se estivesse me empurrando para a frente. Dois dos meninos me acompanharam, e os outros não. Foi como se uma mão invisível nos conduzisse para fora da densa floresta.

Grandes músicos ouviram a música interior e escreveram o que escutaram interiormente. Lincoln ouviu o princípio da liberdade enquanto meditava; Beethoven escutou o princípio da harmonia.

Se você estiver intensamente interessado na ciência da matemática, está apaixonado por ela; se você a ama, ela revelará todos os segredos dela para você.

Jesus ouviu a voz da rola quando declarou: "Deixo-vos a paz; a minha paz vos dou. Não a dou como o mundo a dá. Portanto, não vos aflijais e nem tenhais medo." (João 14:27). Você se sentirá invencível enquanto beber dessas palavras e preencher a mente com seu poder terapêutico!

Jó ouviu a voz da rolinha quando disse: "Acostuma-te portanto a Ele e fica em paz" (Jó 22:21). "Conservarás em perfeita paz aquele cuja mente se apoia em ti, porque Ele confia em ti." (Isaías 26:3). "Porque Deus não é o autor da confusão, e sim da paz" (I Coríntios 14:33).

Você pode ouvir *a voz da rolinha* voltando-se para a inteligência infinita interior, dizendo: "Pai, é isto o que eu quero..."; em seguida, declare específica e claramente aquilo que deseja. Você está agora entregando o seu desejo à sabedoria divina existente dentro de você, que tudo sabe, tudo vê e tem o conhecimento da realização. Você sempre sabe se realmente entregou ou não o seu pedido. Se estiver se sentindo tranquilo

O poder da oração para transformar sua vida | *139*

com relação a ele, você o entregou. Se estiver ansioso e preocupado, você não subjetivou a sua oração; você não confia completamente na sabedoria divina interior.

Se você deseja orientação, afirme que a Inteligência Infinita o está orientando agora; Ela se destacará como a ação correta para você.

Você saberá que recebeu a resposta, porque o pombo da paz sussurrará no seu ouvido: "Silêncio, fique em paz." Você conhecerá a resposta divina, porque estará em paz e a sua decisão será correta.

Uma jovem estava se perguntando recentemente se deveria permanecer em Los Angeles no cargo que ocupava ou aceitar uma oferta de trabalho em Nova York com um salário consideravelmente maior. À noite, quando foi dormir, ela fez a si mesma esta pergunta: "Qual seria a minha reação se eu tomasse a decisão correta agora?" A jovem recebeu a seguinte resposta: "Eu me sentiria maravilhosamente bem, feliz por ter tomado a decisão correta", e começou então a repetir as palavras: 'É maravilhoso! É maravilhoso!', como uma canção de ninar. Ela se embalou para dormir no sentimento de "É maravilhoso!".

Naquela noite, a jovem teve um sonho, no qual ouviu uma voz dizer: "Fique parada! Fique parada!" Ela despertou imediatamente e soube, é claro, que essa era *a voz da rolinha — a voz da intuição*. O eu quadridimensional existente dentro dela conseguiu enxergar à frente; ele tudo sabe e tudo vê, de modo que foi capaz de ler a mente dos proprietários da empresa em Nova York. Ela permaneceu no cargo que ocupava em Los

140 | Joseph Murphy

Angeles. Posteriormente, os eventos demonstraram a verdade da sua voz interior; a firma da Costa Leste foi à falência. "Eu, o Senhor, a Ele me farei conhecer em uma visão e falarei com Ele em sonhos" (Números 12:6).

"O meu amado é meu, e eu sou Dele; Ele se alimenta entre os lírios." Os *lírios* representam as papoulas que crescem no Oriente. A visão dos campos de papoulas balançando ao vento é muito bonita. Neste caso, o inspirado autor bíblico está lhe dizendo para ter um romance com as qualidades Divinas na sua mente. Quando você se volta para a presença de Deus, ela se volta para você. Você vivencia o casamento místico, a felicidade conjugal, quando se apaixona loucamente pela verdade e pelo que ela é; você se torna então repleto com o novo vinho, a nova interpretação da vida.

Os *lírios* simbolizam a beleza, a ordem, a simetria e a proporção. Quando você se alimenta ou se banqueteia com a grande verdade de que Deus é beleza indescritível, amor ilimitado, felicidade absoluta, harmonia absoluta e paz infinita, está realmente *se alimentando entre os lírios*. Quando você afirma que o que é verdade a respeito de Deus é verdade a seu respeito, milagres acontecerão na sua vida.

Quando você compreende e reconhece que essas qualidades e atributos de Deus estão se manifestando por seu intermédio e que você é um canal para o divino, cada átomo do seu ser começa a dançar no ritmo do Deus eterno. A beleza, a ordem, a harmonia e a paz surgem na sua mente, corpo e no mundo dos negócios enquanto você se alimenta entre os lírios; você sente a sua identidade com Deus, com

O poder da oração para transformar sua vida | *141*

a vida e com as riquezas infinitas Dele. Você está casada com o seu amado, porque agora está casada com o seu ideal ou desejo; você é noiva do Senhor — a sua convicção dominante. A partir desse momento, você conceberá filhos do seu Amado e eles guardarão a imagem e semelhança da sua ideia e sentimento.

O pai é a ideia de Deus; a mãe confere emoção à ideia e é a sua materialização subjetiva. É da união da ideia com o sentimento que emerge a sua saúde, abundância, felicidade e paz interior.

Sente-se e *se alimente entre os lírios* compreendendo que todas as noites, quando vai dormir, você se apresenta ao rei dos reis, o Senhor dos Senhores e o príncipe da paz. Certifique-se de que está "adequadamente trajado" ao comparecer diante da presença divina. Se você estivesse indo para uma audiência com o presidente, vestiria sua melhor roupa. Os trajes que você veste ao entrar todas as noites nos céus da sua mente representam a disposição de ânimo, ou a atitude que você ostenta. Certifique-se de que ela seja sempre a indumentária de casamento do amor, da paz e da boa vontade para com todos.

Esteja absolutamente certo de poder dizer: "Como és formosa, amada minha." Não deve haver nenhum ressentimento, má vontade, condenação do eu ou de outros e nenhuma crítica a qualquer outra pessoa. Você precisa realmente sentir no coração o amor de Deus por todas as pessoas em toda parte. Precisa sinceramente desejar para todos o que deseja para si mesmo, quando então você poderá dizer para o seu estado de espírito ou sentimento: "Como és formosa, amada minha."

142 | Joseph Murphy

"E, quando estiverdes orando, perdoai, caso tenhais alguma coisa contra alguém" (Marcos 11:25).

"O meu amado é meu." Tudo o que Deus é, é seu, porque Deus está dentro de você. Tudo o que você possivelmente pode desejar já é seu. Você não precisa de qualquer ajuda externa para *se alimentar entre os lírios*.

Quando for dormir logo mais, perdoe a todos, imagine e sinta que o seu desejo foi atendido. Torne-se absoluta e completamente indiferente a toda e qualquer ideia de fracasso, porque agora você conhece a lei. Ao aceitar o fim, você terá, como Troward tão belamente declarou, "determinado os meios para a realização do fim". Quando estiver prestes a pegar no sono, estimule em si mesmo o sentimento de ter o seu desejo. A aceitação mental do desejo quando você adormece é a sua identidade com o seu amado; em seguida, é a convicção na mente subconsciente que lhe concede aquilo que você incutiu nela.

Ele se alimenta entre os lírios. Até que rompa o dia e fujam as sombras. As *sombras* são o medo, a dúvida, a preocupação, a ansiedade e todas as razões pelas quais você não pode fazer alguma coisa. As *sombras* dos nossos cinco sentidos e a crença coletiva pairam sobre a mente de todos quando oramos.

Quando você rezar, aceite como verdadeiro aquilo que a sua razão e os cinco sentidos negam e rejeitam. Permaneça fiel à sua ideia, continuando repleto de fé a cada passo do caminho. Quando a sua consciência estiver plenamente qualificada com a aceitação do seu desejo, todo o medo desaparecerá. Confie na realidade do seu ideal ou desejo até ser invadido

O poder da oração para transformar sua vida | 143

pelo sentimento de que é Ele; em seguida, você vivenciará a alegria da oração atendida. Sim, a resposta à sua oração virá e iluminará os céus da sua mente, trazendo-lhe paz.

Independentemente de qual seja o problema, ou do quanto as coisas pareçam graves, sombrias ou desesperadoras, volte-se para Deus e pergunte: "Como é isto em Deus e no céu?" A resposta se aproximará suavemente da sua mente como o orvalho do céu: "Tudo é paz, alegria, felicidade, perfeição, completude, harmonia e beleza." Em seguida, rejeite a evidência dos seus sentidos e *se alimente entre os lírios* de Deus e do céu, com paz, harmonia, alegria e perfeição. Compreenda que o que é verdade a respeito de Deus também precisa ser verdade a seu respeito e do seu ambiente. Continue a viver nessa fé e confiança em Deus *até que rompa o dia e fujam as sombras.*

Este livro foi composto na tipografia Minion
Pro, em corpo 12/17, e impresso em
papel off-white no Sistema Cameron da
Divisão Gráfica da Distribuidora Record.